中学历史课堂教学设计与评价研究

曹小燕　著

北京工业大学出版社

图书在版编目（CIP）数据

中学历史课堂教学设计与评价研究 / 曹小燕著. —
北京：北京工业大学出版社，2022.12
　　ISBN 978-7-5639-8602-6

　　Ⅰ．①中… Ⅱ．①曹… Ⅲ．①中学历史课－课堂教学
－教学设计 Ⅳ．① G633.512

中国国家版本馆 CIP 数据核字（2023）第 010531 号

中学历史课堂教学设计与评价研究

ZHONGXUE LISHI KETANG JIAOXUE SHEJI YU PINGJIA YANJIU

著　　者：曹小燕
责任编辑：李　艳
封面设计：知更壹点
出版发行：北京工业大学出版社
　　　　　　（北京市朝阳区平乐园 100 号　邮编：100124）
　　　　　　010-67391722（传真）　　bgdcbs@sina.com
经销单位：全国各地新华书店
承印单位：北京银宝丰印刷设计有限公司
开　　本：710 毫米 ×1000 毫米　1/16
印　　张：11.5
字　　数：230 千字
版　　次：2022 年 12 月第 1 版
印　　次：2022 年 12 月第 1 次印刷
标准书号：ISBN 978-7-5639-8602-6
定　　价：60.00 元

作者简介

曹小燕，女，1973 年 8 月出生于山东淄博，汉族，大学本科学历，现任教于山东省淄博高新区实验中学，主持和参与了多个省市级课题的研究，其中，2014 年主持了省级重点课题《影视剧资源在初中历史新授课中应用策略》，2015 年参与了淄博市教育科学"十二五"规划课题《加强初中教研组建设的实验研究》。在国家级刊物上发表多篇论文，曾在《中学历史教学参考》《大众心理学》等国家级刊物上发表过文章。参与撰写《中观课堂的思考与实践》。

前　言

历史学科包罗万象，涉及各个领域，我国古代就非常重视历史学科的教育。随着教育改革的不断深入，历史教学逐渐系统化。中学历史教学在不断发展、不断改进，对教师的要求也在不断提高。而教师上好课的前提就是要有好的构思和设计，就像造大厦要先设计模型和蓝图一样。中学历史课堂教学设计，就是预先制订历史课堂教学的具体计划。既然是具体计划，就要有可操作性，务求严谨细致。总而言之，在进行课堂教学设计和评价时，教师需要依据理论解决实践问题，要考虑许多动态的因素，要考虑课堂教学的生动性和合理性。

全书共七章。第一章为绪论，主要阐述了中学历史课堂教学的规律、中学历史课堂教学的原则、中学历史课堂教学设计的意义等内容；第二章为中学历史课堂教学现状，主要从教师层面、学生层面、课堂层面进行了阐述；第三章为中学历史课堂教学设计理论与实践，主要阐述了教学设计及其理论、中学历史课堂教学设计要素、中学历史课堂教学设计的操作要求等内容；第四章为中学历史课堂教学目标设计，主要阐述了中学历史课堂教学目标概述、中学历史课堂教学目标的设计与要求、中学历史课堂教学目标设计的策略分析等内容；第五章为中学历史课堂教学方法，主要阐述了中学历史课堂教学方法概述、中学历史课堂教学的常用方法、中学历史课堂教学方法的设计、中学历史课堂教学方法的运用等内容；第六章为中学历史课堂教学模式及设计应用，主要阐述了中学历史课堂教学模式概述、中学历史课堂教学模式的设计、中学历史课堂教学模式的运用等内容；第七章为中学历史课堂教学评价探讨，主要阐述了中学历史课堂教学评价概述、中学历史课堂教学评价的类型、中学历史课堂教学评价的价值追求、中学历史课堂教学评一体化实施策略等内容。

笔者在撰写本书的过程中，借鉴了许多前人的研究成果，在此表示衷心的感谢，并衷心期待这本书在读者的学习生活以及工作实践中结出丰硕的果实。

对知识的探索是永无止境的，本书还存在着许多不足之处，恳请前辈、同行以及广大读者斧正。

目　录

第一章 绪论

在新课程改革持续深入推进的背景下，历史学科的重要性日益凸显。课堂教学是中学历史教学的主渠道，因而也是中学历史教学改革的主战场。本章分为中学历史课堂教学的规律、中学历史课堂教学的原则、中学历史课堂教学设计的意义三部分。

第一节 中学历史课堂教学的规律

一、教学过程中的一般规律

（一）教学规律的定义

要研究教学规律（objective law of teaching），首先要弄清什么是规律。通俗地讲，规律是指客观事物内部的、同一的、必然的本质关系，是事物中相对静止、相对稳定和相对统一的方面。它经常反复地、不可避免地起着作用，支配着事物的发生和发展过程。它具有客观性，是不以人的意志为转移的。人们可以研究、探索、发现、认识和运用规律，却不能改变、废除、臆造和违背规律，否则就会受到规律的惩罚。那么，什么是教学规律呢？应该说，教学规律是规律在教学过程中的具体化。根据规律的定义，教学规律的定义可以表述为教学规律是指在教学过程中内在的、普遍的、必然的、不断重复出现的并且规定和影响教学过程的发生和发展方向的本质关系。这种关系是客观存在的，是不以人的意志为转移的。同样人们只能探索它、认识它、运用它，而不能创造它、改变它、否认它、违背它。它是在人们的教学实践过程中产生和发展的，因此只有通过教学的实践过程，人们才能认识教学规律。

总而言之，教学规律是教学现象中客观存在的，具有必然性、稳定性、普遍性，对教学活动具有规约作用，是制订教学原则的重要依据。教学现象中的一系列联系有不同层次。例如，教学与社会系统外部条件之间的联系，教学内部各因素、环节之间的联系，各教学因素、环节自身存在的联系，等等。各层次间又有交叉关联。

各国学者对教学规律的认识、提法各异。例如，苏联教育家用系统分析法，从两个层次上揭示教学的规律性，认为一种属于教学同其内外条件的基本联系，如"教学过程与教养过程，教育过程和发展过程存在着有规律的联系""教学过程有规律地依存于学生的实际学习可能性"等；另一种属于教学过程成分之间的联系，如"教的过程和学的过程在整体的教学过程中是有规律地联系在一起的"等，把教学规律性分为教学过程本质上固有的客观规律性和通过教师活动表现出来的规律性两种。在揭示规律的方法上，有的中国学者认为应从揭示关系、分析矛盾入手，有的提出要以教学过程的纵向、横向发展为线索，还有的则主张以教学活动各要素间的内在联系为依据来探索。对教学规律的概括和表述也各异，例如，对教和学之间的相互依存关系，有的表述为"教学相长"，有的则表述为"教和学的辩证统一"，等等。

（二）教学规律的分类

1. 第一层次的教学规律

这是总管和制约整个教学过程中所有活动的规律。根据前面对教学过程中主要矛盾的分析，教学过程虽然是一个多层次、多结构、多种因素组成的复杂的矛盾体，但在这个复杂的矛盾体中，必有一对主要矛盾对整个教学过程起支配作用，并决定着整个教学过程的发生和发展趋势。这个主要矛盾就是社会培养目标与学生现有水平之间的矛盾。它是隐藏在任何学科教学过程深处的、必然的、反复出现的一种本质关系。从这一本质关系出发，我们可以发现社会培养目标与学生发展水平相统一是制约整个教学过程的总规律，或者说是基本规律。首先，它在整个教学规律体系中处于中心的地位，决定着教学的一切方面和主要过程，是教学工作最根本的依据。其次，它虽然和其他教学规律一起，对教学的全过程起作用，但其他的教学规律却要受它的制约。因此人们把它称为教学过程的总规律或基本规律。

2. 第二层次的教学规律

围绕着教学过程的基本规律，下面有一些从某个方面对教学过程有重要影响和制约作用的规律。

①教学教育性的规律。这是从德育和智育的辩证关系出发来探讨的教学规律。古今中外任何学科的教学过程，无不渗透着一定的政治思想和道德标准，因为一定的社会必定根据一定的需要来培养自己所需要人才。因此任何学科在教学过程中都要对学生进行政治和道德方面的教育。这种教育有些是旗帜鲜明的、直接的，而很多是在知识教学和智能培养的过程中潜移默化地进行的。这就是人们通常所说的教育性。

②知识教学和智能培养相结合的规律。这是从知识与智力的辩证关系出发来探讨的教学规律。因为知识的积累和智能的发展是对立统一的。一方面，知识本身就蕴含着丰富的智力因素，而智能的发展也必须建立在一定知识积累的基础之上。没有知识之本，智能就会成为无根之木。另一方面，智能发展后又会反作用于知识积累，成为个体掌握知识的必要条件。这说明两者是对立统一、互相转化、相互促进的。因此，在传授知识的同时，必须注重智能的培养。仅仅给学生传授知识，在当今信息时代已经远远不够了，还要教会学生如何去学习和掌握知识，去思考和解决问题，正如人们常说的，既要授人以鱼，又要授人以渔。这也是时代对教学实践提出的新要求。

③教师的主导作用和学生的能动作用相结合的规律。这是从教与学的辩证关系出发来探讨的教学规律。在教师的教和学生的学这对矛盾统一体中，教师通过引导、点拨、启迪等方式创造外部因素来诱发学生的内部因素，调动学生的积极性，让他们自觉主动地去学习。这实质上就是外因和内因，两者相辅相成、互相影响。只有充分发挥教师的主导作用和学生的主体能动作用，才能取得较好的教学效果，提高教学质量。

④教学要素之间相互协调的规律。这是从教学过程的各个构成要素之间的辩证关系出发来探讨的教学规律。教师、学生、教学内容、教学方法手段等教学要素既紧密联系又相互制约，构成了教学过程这个有机整体。只有各个要素之间互相协调，才能使这个有机整体获得最佳效益。

⑤教学为学生的身心发展所制约并促进学生身心发展的规律。这是从德、智、体的辩证关系来探讨的教学规律。德、智、体三者中，任何一者的欠缺，都可能影响其他两者的发展，而三者的均衡发展，则可以使三者相互促进。这不仅关系到学生德、智、体三方面能否健康发展，真正成为社会有用之才，也关系到国家和民族的兴衰。因此，使学生的身心均衡发展，乃是各种教学必须遵循的一条教学规律。另外还有"理论与实际相结合的规律""统一要求与因材施教相结合的规律"等，这些都属于第二层次的教学规律。

3. 第三层次的教学规律

这主要是从构成教学过程的各个要素、各个环节出发，来揭示作用于某一方面的规律。例如，从教师的角度出发，有教师水平必然决定教学质量的规律，教师的教学方法、手段和形式取决于教学任务、内容、条件和学生特点的规律；从学生的角度来讲，有学习循序渐进的规律、递进性的规律、反复性的规律、学习目的影响学习成绩的规律，等等。

二、中学历史教学的特点及规律

（一）中学历史教学的特点

1. 系统性强

历史知识的综合性、继承性、规律性和科学性等特点，体现了历史知识的系统性特点，这就要求中学历史教学具备统揽性；由于每一位教师、每一名学生都是独立的有差异的个体，由于教育教学过程必须是有组织、有计划、有步骤的，所以中学历史教学必须重视具体性和系统性的统一、思想性和科学性的统一、知识性和理论性的统一，必须重视教师教的主导性与学生学的主体性的有机结合，必须兼顾历史学科知识横向的内在联系性和纵向的连续发展性之间的关系。

历史知识是系统的，中学历史教学也是一项系统工程。一方面，要严格按照历史发展的进程和教育学的原理来进行中学历史教学，注意讲清历史事件的来龙去脉、前因后果，揭示历史现象及其间的相互关系；另一方面，在历史教学过程中要重视复习，加强练习，教学语言要前后连贯、生动形象。

历史知识涵盖广泛、系统性强。因此，在历史教学过程中一定要特别重视理论与实际、历史与现实之间的关系。历史学科中的许多问题与当前的现实问题关系密切，历史上许许多多的经验教训对今天和未来都不失启迪、借鉴、警戒的作用，通过学习历史知识，可以学会用历史的观点、方法来观察、分析甚至解决历史的和现实的社会问题。这就是历史教学的系统性特点。

2. 思想教育性强

古今中外，无不在历史教学过程中对学生进行强烈的思想政治教育。这是因为和其他学科相比，历史学科对学生进行思想政治教育有着得天独厚的优越条件。在历史知识中可进行思想政治教育的材料不仅十分丰富，而且生动具体，同时还带有强烈的阶级性和社会性。历史上大多数的人物、事件、典章制度、学术思想等，都可以从多方面对学生进行思想政治教育。学生在学习历史知识的过程中，就会潜移默化地或者直接地受到历史知识的影响，并把它变成自己的思想行动。在我国的各级学校中，每一门学科的教学都必须以马克思主义理论为指导来对学生进行思想教育，历史教学当然也不能例外。

根据这个特点，在中学历史教学中，应该对学生进行以下几个方面的教育：唯物主义基本观点的教育、爱国主义和国际主义的教育、正确人生观和世界观的教育、良好道德品质的教育。此外，根据近年我国社会发展的需要，还应该注意加强民主与法制的教育和环境保护意识的教育等。这些都是我们应该而且可以贯穿在历史教学中的思想教育内容。

3. 时序性强

历史知识的逻辑叙述过程必须和历史现象本身的发展过程相一致。因为历史本身是按照时间的先后顺序进行的，谁也无法改变，因此在叙述历史时，也只能按一定的时空先后顺序进行，这就是历史知识的时序性。

历史知识的时序性决定了必须按照时间的具体顺序来讲述和学习历史知识，对每一个历史人物和历史事件，都要弄清它的来龙去脉、前因后果，弄清其活动和发展时间和空间，并分析其相互关系，帮助学生建立时空观念，这样才能系统和完整地掌握历史知识。

4. 不可重演和不可直接体验

历史知识都是后来人们的记录总结，都是间接知识，而且是无法再直接观察和亲身体验的。它不像物理、化学等学科的某些定理、法则、概念和反应式，教师可以用实验的手段，让学生来直接观察和亲身体验并证实它们。虽然在历史教学过程中，教师可以利用多种方法来增强形象性和直观性，但那也只是近似地、局部地、片段地再现了某些历史情景和人物活动的过程，却无论如何也不能做到完全真实和全面地再现历史。这就是历史知识不可重演和不可直接体验的特点。

在各科教学中，形象直观和亲身体验是提高教学效果的最佳手段之一，历史教学也不例外。而且由于上述特点，它更需要教师运用生动形象的语言，运用历史地图、文物、图片、幻灯、电影、录像等教具，运用参观、考察、访问等形式，尽可能形象地、真实地再现某些历史情景和人物活动过程。不仅如此，还要重视和运用想象能力，教师和学生想象能力越强，就越能认识自己没有经历过和无法观察到的历史。

5. 直观性强

由于历史知识具有过去性、具体性、客观性等特点，中学历史教学应具备直观性特点。人类对历史现象、历史事件的认识，都是由于直觉即通过感觉器官去直接感受得到的。从学生的认识规律来看，即使他们掌握书本知识也需要以感性知识和自身经验为基础。

心理学研究证明，感觉器官在教学活动中参与得越多，教学过程就进行得越顺利，教学效率就越高，教学效果就越好。但在历史教学中学生往往只有听觉、视觉可以动员起来，不同于物理、化学、生物等其他学科的教学，除听觉、视觉外还可以运用味觉、嗅觉等感觉器官。人类是从用形式、声音、色彩和感觉开始思维的。研究表明，人们通过听觉所获得的知识能够记忆 15%，通过视觉所获得的知识能够记忆 25%，视听结合起来可记忆 65%。过去的历史事件和历史现象是不能重现、重演的，除少数历史文物和历史遗迹可以直接接触外，绝大多数的历史事件、历史人物和历史现象需要我们充分运用直观语言和直观教具来激发学生学习历史的兴趣，促使学生积极主动地进行思维活动，帮助学生形成历史表象以便理解历史概念，牢固掌握历史知识。直观语言就是运用语言艺术"再现"客观而又具体的历史事件、历史人物和历史现象。历史教学的直观语言应该是生动有趣、形象鲜明、深入浅出、平易流畅的。直观教具是指地图、画像、年表、模型、幻灯片、影视片、历史遗迹以及借助电脑等高新技术来为学生提供感知材料和具体知识，使学生以事实、实物和形象为基础形成历史表象。直观语言与直观教具有机结合，有助于取得最佳的教学效果。

（二）中学历史教学的规律

第一个层次是中学历史教学的总规律。这是总管和制约中学历史教学过程中所有活动的基本规律。它来自对中学历史教学过程及其主要矛盾的归纳总结。在前面已经分析过，所谓中学历史教学过程，就是教师根据一定社会发展的要求，根据学生现有的认识水平和身心发展的特点，有目的、有计划、有组织地运用一定的教学方法和教学手段引导学生自觉地掌握基本的历史知识和技能，发展学生的智力，使学生形成一定的世界观、思想品德和个性心理品质，达到社会培养目标的过程。而中学历史教学过程中的主要矛盾，就是社会培养目标与学生现有水平之间的矛盾。在这里，值得一提的是，社会培养目标是根据社会发展的需要来制定的。而要提高学生现有水平、达到社会培养目标，又必须经过具体的历史教学过程，归根结底，历史教学是为了满足社会发展的需要。所以，"中学历史教学要与社会发展需要相统一"，就是中学历史教学的基本规律。对此基本规律的判定，主要来自以下分析和归纳：首先，社会总要对中学历史教学活动的目的、内容、方法、手段等提出相应的规定，而中学历史教学总要反映社会发展所提出来的要求。这是一切阶级社会中中学历史教学的共性。其次，中学历史教学的这个基本规律是从属于总系统的教学基本规律的，它是教学的基本规律——"社会培养目标与学生发展水平相统一"的学科化与具体化。最后，"中学历史教学要与社会发展需要相统一"这个基本规律贯穿于中学历史教学的始终，它处于中心地位，规定和影响着其他历史教学规律的发生和发展，因此，是中学历史教学的"基本规律"或者"总规律"。

第二个层次是在中学历史教学的总规律之下，从某个方面影响和制约着中学历史教学全过程的一些规律。具体如下。

①中学历史教学与思想教育紧密结合的规律。

②历史知识的传授与智能培养相结合的规律。

③历史教师的主导作用与学生的能动作用相结合的规律。

④中学历史教学各要素之间相互协调的规律。

⑤中学历史教学促进学生身心发展的规律。

⑥中学历史教学中理论与实际相结合的规律。

⑦中学历史教学中统一要求与因材施教相结合的规律。

以上是总系统中一般教学规律在中学历史教学过程中的具体化。以下是由历史知识及其教学过程的特点所决定产生的一些中学历史教学的特殊规律。

①中学历史教学中间接知识同形象再现相结合的规律。这是由历史不可重演和不可直接体验这个特点决定产生的。

②中学历史教学要按时空顺序进行的规律。这是由历史知识时序性强这个特点决定产生的。

③中学历史教学中史论相结合的规律。这是由历史知识的具体史实材料同理论观点紧密结合这个特点所决定产生的。

④中学历史教学中多学科知识相结合的规律。这是由历史知识包罗万象、丰富多样的特点所决定的。

第三个层次是从构成中学历史教学过程的各个要素和各个环节出发来揭示的作用于某一个方面的教学规律。从教师的角度出发，主要有以下几点规律。

①中学历史教师的水平和敬业精神必然决定教学质量的规律。

②中学历史教师对学生的学习和发展起主导作用的规律。

③中学历史教师的教学方法、手段和形式取决于教学任务、内容、条件与学生特点的规律。

从学生的角度出发，历史知识的学习同样有以下几点规律。

①循序渐进的规律。

②递进性的规律。

③反复性的规律。

④学习目的影响学习成绩的规律。

以上这三个层次的中学历史教学规律，初步构成了中学历史教学的规律体系，它们共同制约和影响着中学历史教学的全过程。

第二节　中学历史课堂教学的原则

一、开放性原则

"教育要面向现代化，面向世界，面向未来。"这就要求实行开放式的教育，历史教育也不例外。进行开放式的历史教学，首先是观念上的开放。教育要面向未来，处理好过去、现在与未来的关系，更新观念和意识。面向过去的教育是教育孩子向前人学习，以过去的东西为评价标准，重积累、重教化；面向现在的教育是追求功利，工业化社会中工业文明笼罩一切，重统一、同步、标准化，重视计划大纲；面向未来的教育才是面向未来的事业，必须有超前意识。其次，要求历史教材是开放的。一方面，除讲授中国通史、世界通史外，还可以讲授乡土史、民族史、社会文化生活史，从各级各类历史教材中引用必要的可以实现能力培养目标的材料，实现教学内容的更新。另一方面，实行同种课程多种教材、同种教材多种版本，形成相互竞争的局面，彻底改变因垄断性统编教材造成的唯教材至上的僵化局面。再次，实施开放式的教学形式和教学手段，实现教学方法多元化。应努力发掘、充分利用各种课程资源，多方位、多形式地组织教学。运用各种现代化教学手段和多媒体技术开创课堂教学新局面。又次，考试等教学评估形式更应是开放式的，即开卷考试、实践考查、平时活动等均可纳入学习成绩评估体系，更重视学生在学习过程中的收获，而非卷面成绩的高低。最后，试题、思考题等也应是开放式的。既然历史知识的来源都是开放式的，那么，历史试题、思考题的答案也应是开放式的，不是唯一的。一切都是为达到提高学生的创新意识和实践能力的目标而设置的，"历史是死的，但解喻是活的，是与时俱进的"。

历史试题、思考题只是培养和训练学生思维的工具而已，是完全可以开放的，也是完全能够开放的。当代学科交叉渗透，社会学、管理学、教育学、政治学、经济学、人类文化学的新理论、新方法对历史学提出了挑战，而目前历史学的研究方法、教育理念和教学方法都还很陈旧，急需更新。历史研究和历史教学一样，都要遵循自由、民主、独立的原则，在融合各种新理念、新方法的基础上，找到一种切合实际的新方法。

总之，我国教育正处于大发展、大变革时代，中学历史教育教学正在推广实施竞争性课程教材和普适性课程标准。我们的社会是网络社会，我们的时代是数码时代，我们的经济是知识经济，因此，历史教学的"一化三结合"方针应该及时提上议事日程。"一化"就是高新技术、高新设备的教育、教学化。高新技术、高新设备根源于教育，尤其是根源于基础教育，应该回报教育。只有这样，教育才能得到发展，高新技术、高新设备也才会得到发展。"三结合"指的是理论与实践的结合、历史与现实的结合、教育与教学的结合。教育是教学的目的，教学是教育的手段和表现形式，本质上是为教育服务的。

根据课程改革的新理念，在历史教学中，教师应尽可能地创设情境、创造条件，给学生的实践探索活动留有充分的时间和空间，让学生的手和脑都活动起来，做思结合、讲做结合，包括让学生自主探索、自由提问、观察、想象、表达、应用。学生在具体的实践中，既能学到技能，又能培养学习历史的兴趣，还能提高思维、观察、想象、语言表达和创新能力。因此，在历史教学中，学生能够探究的要放手让学生去探究，学生暂时不能探究的要引导学生去探究。有探究才会有深入的参与，才会有发现，学生只有参与到活动中来，才可能进行探究，在探究中获得各种体验，发现问题，产生学习知识和解决问题的欲望，获得经验，发展个性和能力。在传统的历史课堂教学中，许多教师局限于课本，对课本以外的历史材料和历史理论了解甚少，教学过程中只注重对学生进行课本知识点的讲授、强化记忆和训练。

在新课程的氛围下，教学内容、教育课程只是载体，其实质是要提高学生的创新能力和发散能力，需要教师把课本中系统的知识点与相关的历史知识有机地结合起来，使讲授的内容综合化、开放化，从而发挥教师的"主导"、学生的"主体"双边作用。在新的课程标准下，知识点的完整性更加有利于这种开放性的教育思想的实施。新课程的知识模块和学习专题是以某一方面的知识点为线索，构成一个完整的学习内容。开放性原则要求教师的教学教法要具有灵活性，也只有灵活多样的教法，才能创造出生动活泼的教学气氛，也才能使学生融会贯通，掌握基本知识，提高学习技能和思维能力。

二、联系与联系考试原则

（一）联系原则

这一中学历史教学的原则是说，要依据历史知识纵横联系的特点，在讲授历史知识时要前引后连、左顾右盼。

从纵向上看，历史是按照它自身的顺序演变发展到今天的。历史的今天前与历史的昨天相联结，后与明天相联结。历史和现实存在着不可分的内在本质联系，历史是现实的过去，现实是历史的现在，现实中的许多政治的、经济的、文化的、社会生活的现象都与历史存在着客观联系，或多或少吸取了历史上的经验教训。正是历史与现实的这种联系决定了历史教学应与现实相联系，如果历史教学脱离了现实生活的需要，就不能反映历史学科的真实性，更不能调动起学生的学习积极性。因为只有当学生认为所学的知识有用才可能产生学习历史的内在动机。历史教学按照自己的特点来联系实际，其表现形式有以下几点。

首先，很多历史问题本身就具有现实性。例如，中华民族和中国文化的起源问题，国内各民族之间的历史关系问题，中国与邻国的边界的历史问题，等等。因此在讲授这些历史问题时，自然要联系现实。

其次，很多历史经验教训的借鉴作用。例如，在较大的动乱之后，为了恢复和发展经济，国家就要采取较为宽松的政策，要有一个较为安定的社会环境，这种宽松政策会持续相当长时间；又如，从近百年的历史看，落后的国家就要受到帝国主义国家的欺凌和侵略。讲清这些从历史中得出的重要道理，可以使学生从中意识到自己的责任。

从横向上看，同一历史时期的政治经济、文化科技是密切相连的。通过全方位、深入地考察，分析历史事件、历史现象，揭示历史教科书中隐含的知识点及其内在关系，揭示历史发展的趋势和特征，培养学生分析、比较、综合、概括的能力。在中学历史课程改革中，专题式的编写体系突出了知识之间的联系性，具有以纵为主、纵中有横的特点。从每册教科书的编写情况看，人教社第三版和岳麓版教科书按照专题中外交叉对比编排，人民版的教科书是先排列按专题编排的中国史，随后排列世界史，初中、高中历史中密切相连的内容见书后的"附录：中学历史教科书目录对比表"。中外历史相交叉的专题式排列方式，为教师在教学中古今中进行外对比提供了便利条件。在历史教学过程中，教师应将历史学科教育与其他学科教育、历史知识教育与现实生活教育、课内教育与课外教育、理论教育与实践活动教育、知识教育与情感态度教育、自主教育与合作奉献教育、学校教育与家庭社会教育、行为习惯教育与心理教育及创新意识教育相结合，有效地整合教育资源，使学生全面、和谐健康发展。

总之，在历史教学中，要教给学生用历史唯物主义的观点、方法来观察、分析和对待历史的和现实的问题。历史教师必须把历史、现实和未来有机地结合起来讲解，在古今交流、中外比较中提升学生的情感和认识。

（二）联系考试原则

考试是检验教学效果和学生素质的基本手段。在中学历史课程改革中，中学历史教学虽不提倡以考试为目标，但也离不开考试，平时每节课的教学离不开练习测验。学校要进行期中期末考试，来检验教学效果，初高中毕业生离不开中考、高考的挑选。绝大部分一线教师认为应试和以学生为主体的教育密切相连。可以这样说，只要考试这个检验教学效果的手段存在一天，教师就有责任让学生在考试中取得好成绩。所以，在教学中联系考试是中学历史教学应贯彻的一项重要原则。

应该指出的是，让教师在教学中重视考试，并不是提倡应试教育。我们应该大力改革考试方式，以使学生得到全面发展。面对中考、高考，师生要做好下列工作。

首先，学生每天要搞好预习，认真听讲，及时巩固，不能应付而要认真，不能浮飘而要扎实。因为学生是考试的参加者和成绩的取得者，知识和能力都要通过学生在考试中表现出来。知识的掌握没有捷径可走，许多知识还必须由学生下苦功夫才能掌握住。不想靠实实在在的劳动去获得和掌握知识是不切合实际的。

其次，教师更需要务实，在备课、辅导、批改作用时要舍得投入时间，讲课要精心设计，对每一个知识点都要讲清讲透，要突出重点，突破难点，在教给学生知识的同时还要教给学生解决问题的方法。要做到这一点，教师没有扎实的基本功和诚实精神是不行的。

再次，考试的内容要详细讲，阅读课和小字内容略讲或者不讲，交给学生自己去掌握。详讲、略讲或不讲的依据就是各省教育厅和教育部考试中心编发的中考和高考考试说明。尽管有时高考会出现个别考题超出考试范围的现象，但是，为了少做无用功，让有限的时间发挥最大限度的作用，教师还是应该把考试范围作为复习的指针。功夫不负有心人，只要师生密切配合，实实在在地教和学，就一定会取得理想的考试成绩。

三、情感性与直观性原则

（一）情感性原则

历史课程标准要求教师在历史教学过程中要注意拓宽历史课程的情感教育功能，在进行知识传授和能力培养的同时，充分发掘课程内容的思想情感教育内涵，潜移默化地对学生进行情感态度与价值观方面的熏陶。因此，教师在教学实践过程中应通过各种有效方式，加强师生间的对话和情感交流，激发学生的成就感和进取精神，让每一个学生都能经常体验到成功的喜悦，使师生产生情感共鸣，教与学都处于最佳境界，帮助学生形成健全的人格和健康的审美情趣，培养积极进取的人生态度、坚强的意志和团结合作的精神，增强承受挫折、适应生存环境的能力，让学生在知、行、情、意等方面健康协调发展。学习历史对学生的影响是巨大的。学习历史可以使学生产生高尚的民族情感。例如，学习我国历史上的科技、文化成就，可以对学生进行爱国主义教育和民族自豪感的教育，激励他们去发奋学习自然科学知识和人文科学知识，掌握报效祖国的本领；学习红军长征，可以对学生进行革命英雄主义教育，使其树立坚忍不拔、自强不息、不怕困难、勇往直前的长征精神，激励他们继承这种宝贵的民族精神，为中华民族的振兴继续奋斗；学习杨靖宇、张自忠等历史人物的事迹，使学生体会到"宁做中华断头尸，不做倭奴屈膝人"的大义凛然的革命精神，进而对学生进行不怕牺牲、敢于反抗外来侵略的革命传统教育，激励他们继承前辈的遗志，为中华民族的伟大复兴努力奋斗。

学习历史可以使学生树立正确的历史观。例如，有些学生从失业情况、社会贫富差距出发，对我国改革开放以来取得的成就持否定态度。教师在讲授《改革开放》这一课时，可以展示一些对比性较强的图片、图表和文字资料，包括经济体制改革前后城市市民购物照片，安徽小岗村粮食产量柱状图，深圳的变化，校舍、居民住宅的变化，消费结构的变化等，引导学生用发展的眼光审视问题。

历史可以使学生树立正确的价值观。例如，有教师在讲授《张骞通西域》这一课时，向学生提出了下列问题供学生讨论：你认为张骞这样做值得吗？假如张骞只考虑自己，只想自己会得到什么，那他能有决心和毅力开通丝绸之路吗？为什么古今对张骞的评价会一致？在讨论中学生自己分析出张骞开通丝路的历史贡献，坚强的意志和为社会做有益的事的人生价值。在新课程改革中，初中、高中历史均专门列出了包含"情感态度和价值观"的三维目标，强调情感教育是历史学科教学过程中需要完成的一项重要目标，两个学段教学内容的主题式编排为培养学生的世界意识、现代意识、开放意识、责任意识等提供了条件。

（二）直观性原则

直观性原则是历史教学中的一项重要原则，它要求教师把书本上抽象的历史知识，用语言、文字、图形、年表等形式变成可以观察、触摸、记忆、理解和想象的历史知识。直观性原则的运用，也是适合中学生特点的一种教学方法。历史教学中的直观有语言直观、文字直观、历史地图直观、历史年表直观、实物模型直观、电化教学的形象直观等。这一原则要求教师语言生动形象，充分运用历史图片、文物、地图等加强直观效果。历史教师在讲解时，一定要注意语言的形象性和直观性，这样容易使学生把历史影像在脑海中再现出来。教师在讲解的过程中，要分清事理。清晰透彻地讲解能够使人了解历史的表象，也容易使学生全面地把握历史发展的脉络，认识历史发展的规律。由于历史事件和历史现象一去不复返，且不能重演，所以，在教学中，除少数历史遗物和历史遗迹可以使学生直接接触以外，绝大多数的历史事物要依靠间接的手段，才能在学生的脑海中再现其形象。这就更凸显出直观性教学原则在历史教学中的重要性。

直观性原则是针对教学中的概念、原理等理论知识与其所代表的事物之间相互脱离的矛盾而提出的。一般来说，直观的教学手段有以下三种：第一，实物直观。实物直观是直接将对象呈现在学生面前的教学手段。在学习生活中比较陌生的内容时，实物直观能够最为真实有效和充分地为学生提供理解、掌握所必需的感性经验。第二，模像直观。模像直观是运用各种手段对实物进行模拟，包括图片、图表、模型、幻灯片、录音、录像、电影、电视等。实物直观虽然真实有效，但往往受到实际条件的限制而无法使用，模像直观则能够有效地弥补实物直观的缺点，特别是现代技术在教育领域的应用，使得模像直观的应用范围更加广阔，大到宇宙天体，小到分子结构，都能够借助某种技术手段达到直观的效果。第三，语言直观。语言直观是教师运用自己的语言，借助学生已有的知识经验进行描述，引起学生的感性认识，达到直观的效果。与前两种直观相比，语言直观可以最大限度地摆脱时间、空间、物质条件的限制，是最为便利和经济的。语言直观的效果主要取决于教师本人的素质和修养。

在教学中贯彻直观性教学原则，教师要做到以下几点。首先，恰当地选择直观手段。学科不同，教学任务不同，学生年龄特征不同，所需要的直观手段也不同。直观是手段而不是目的。一般来说，在学生对教学内容比较陌生，在理解和掌握上遇到困难或障碍时，才需要教师运用直观手段。为直观而直观，只能导致教学效率的降低。其次，直观要与讲解相结合。学生在教师的指导下有目的地进行观察，教师通过提出问题引导学生发现事物之间的联系，并通过讲解解答学生在观察中的疑问，从而使学生获得更深刻的认识。再次，在直观的基础上提高学生的认识。直观给予学生的是感性经验，而教学的根本任务是让学生掌握理论知识，因此教师应当及时引导学生，比如通过提问和解释鼓励学生细致深入地观察，启发学生区分主次轻重，引导学生思考现象和本质、原因和结果等。最后，一定要重视运用直观性语言。教师用语言进行生动的讲解和形象的描述，能够使学生产生一种感性的认识。

四、启发性与巩固性原则

（一）启发性原则

启发性原则指在教学中要充分调动学生学习的自觉性和积极性，使学生能够主动地学习，以理解和掌握所学的知识。这一原则是为了将教学活动中教师的主导作用和学生的主体地位统一起来而提出的。

在教学活动中贯彻启发性原则，对教师有以下基本要求：首先，激发学生的思维。教师的启发应当能够激起学生紧张、活泼的智力活动，从而使学生理解和掌握知识，获得多方面的体验和锻炼。因此，教师应当选择那些具有一定难度，需要学生进行比较复杂的思维活动，但又是他们通过自觉积极地思考能够得到基本正确的结果的问题。简单的事实和记忆性的知识，即使能顺利地"启发"出结果，价值也是有限的。其次，确立学生的主体地位。学生是学习的主人，教师的启发只有在切合学生实际时才可能避免盲目性，只有承认学生的主体地位，真正研究和了解学生的学习需要，教师的启发才可能是有针对性和有效的。最后，建立民主平等的师生关系。在权威式的师生关系中，教师是凌驾于学生之上的真理代言人和学术权威，学生很难真正做到自由、充分地提问和思考。只有当学生真正感受到教师将自己当作人格上与之完全平等的人，他们的学习自觉性才可能真正地被调动起来。

（二）巩固性原则

巩固性原则指在教学中要不断地安排和进行专门的复习，使学生牢固地掌握和保存所学的知识。这一原则是为了处理好教学中获取新知识与保持旧知识之间的矛盾而提出的。教学活动是不间断、连续地进行的。学生要不断地学习、记忆新知识，而人的记忆和遗忘是同一事物的两个方面，在学习新知识的同时必然会产生对旧知识的遗忘，因此在教学中需要进行不断的巩固工作，通过练习、复习帮助学生牢固地掌握所学知识。巩固的意义不仅在于强化旧知识，也有助于学习新知识，因为知识是有内在联系的，旧知识是新知识的基础。人类早已注意到巩固对于学习的价值，孔子就说过"学而时习之""温故而知新"。

在教学中贯彻这一原则，对教师有以下基本要求：首先，在理解的基础上巩固。对于所学知识的理解是巩固的前提，没有理解的东西，是不可能真正得到巩固的。教师首先应当保证学生学懂学会，才有可能取得良好的巩固效果。其次，保证巩固的科学性。心理学研究揭示了关于记忆和遗忘的一些规律，按照这些规律组织安排巩固，可以提高巩固的效率。教师应当熟悉并且善于运用这些规律。再次，巩固的具体方式要多样化。除了常见的各种书面作业外，教师应当善于利用不同的方式帮助学生巩固所学知识，如调查、制作、实践等，都能够使学生通过将知识运用于实际达到巩固的目的，并且能够促进学生多方面的发展。最后，保证学生的身心健康。国内若干调查显示，学生的学习负担过重、睡眠不足是相当普遍的现象，原因之一是作业量偏多。学生的身心发展对他们的一生、对整个国家和社会都是至关重要的，教师应当本着对学生和社会负责的精神，合理地安排巩固工作，将学生的作业量控制在适当的范围内。

五、循序渐进与因材施教原则

（一）循序渐进原则

循序渐进原则，又称系统性原则，指教学活动应当持续、连贯、系统地进行。这一原则是为了处理好教学活动的顺序、学科课程的体系、科学理论的体系、学生发展规律之间错综复杂的关系而提出的。

在教学中贯彻这一原则，对教师有以下要求：首先，按照教学大纲（课程标准）的顺序教学。教学大纲（课程标准）是各门课程的内在逻辑系统的反映，并且建立在学生发展的一般规律之上，各种教材是以此为依据编写的，教学活动从根本上是按照教学大纲（课程标准）展开的。教师要认真学习和研究教学大纲（课程标准），充分了解和掌握课程的逻辑及对学生的要求，这是教学系统性的根本保证。其次，教学必须由近及远、由浅入深、由简到繁。教学大纲（课程标准）虽然考虑了学生的认识发展规律，但主要是按照内容编排、制定的，因此教师要认真研究学生，针对他们在学习过程中的认识需要和特点处理好近与远、浅与深、简与繁等问题。最后，根据具体情况进行调整。系统性原则并非要求教师刻板、僵化地执行大纲。教学大纲（课程标准）是按照一般和普遍的规律制定的，在实际教学中，不同地区、学校、学生的情况有很大差异。在基本服从大纲顺序的前提下，教师要善于从自己面对的实际出发，适当地调整速度，增删内容。

（二）因材施教原则

因材施教原则指教师在教学活动中应当照顾学生的个别差异。这一原则是为了处理好集体教学与个别教学、统一要求与尊重学生个别差异问题而提出的。由于遗传素质、家庭环境和个人成长经历的不同，同一班级中的学生，虽然有着共同的年龄特征，但是在学习成绩、学习态度和方法、兴趣和爱好、气质和性格、禀赋和潜能方面都会存在很大的差异。教师是对由个性完全不同的学生组成的集体进行教学，因此要适应每个学生的不同需要，进行有针对性的教育。

在教学中贯彻这一原则，对于教师有以下要求：首先，充分了解学生。学生存在差异，要做到因材施教，必须充分地了解每一个学生。除学习成绩以外，学生的个性特征、家庭背景、生活经历等，都是教师因材施教所需要了解的。其次，尊重学生的差异。学生的差异不仅是客观存在的，而且是合理的，因材施教的含义不仅包括承认差异，而且包括尊重差异。最后，面向每一个学生。现代教育的一个重要理念是每一个学生有权利得到适合自己的教育。因此，现代教育强调不能够要求学生适应教育，而是要使教育适应学生。

六、理论联系实际原则

理论联系实际原则指教学活动要把理论知识与生活和社会实践结合起来。这一原则是为了解决和防止理论脱离实际、书本脱离现实等问题而提出的。学生主要学习理论知识，而且是在相对封闭的学校和课堂里通过教师的讲授来学习的。这种状况很容易导致学生所获得的理论知识与其来源和去向脱节，既不了解概念和原理是如何产生的，又不能够运用它们去阐释和解决实际问题。因此，在教学中教师必须提供和创造机会，通过多种多样的途径和形式使学生参与实践活动，引导他们体会思想观点、态度、信念等的形成对于解决实际问题的价值意义。

在教学活动中贯彻这一原则，对教师有以下要求：首先，重视理论知识的教学。实际是相对理论而言的，没有理论，联系实际就降低到了学生日常生活的水平，失去了学校教育的优势和意义。其次，注重在联系实际的过程中发展学生的能力。与课堂学习相比，联系实际的过程对学生提出了更加丰富多样的能力要求，教师要敢于放手，鼓励学生去尝试和探索，运用所学的知识解决问题，同时在解决问题的过程中获取新的知识，补充书本知识的不足，从而使各种能力得到锻炼、发展。再次，联系实际应当从多方面入手。第一，应当尽可能广泛地让学生接触社会生活的各个方面；第二，应当尽可能结合本地区的特点；第三，应当注重学生发展的实际情况。最后，帮助学生总结收获。学生的行为自觉和反思能力还比较欠缺，不大善于分析、总结在联系实际过程中的收获，联系实际容易流于形式化。教师要加以引导，提供机会并提出要求，让学生及时交流体验，表达感受。特别应当提出的是，总结收获注重的是学生的真情实感，不能够人为地拔高学生的思想和认识。

七、学习评价多元化原则

在课堂教学中，评价的目的是促使学生对自己的学习进行反思，使学生更明智、更理性地进行学习。因此，教师不仅要把握好评价的不同方式和方法，而且应积极实施多元评价，建构多元互动的立体评价机制，发现和发展学生的潜能。

第一，教师要积极引导学生学会自评、运用自评、建立自信。

第二，教师要引导学生互评，促进合作，共同发展。教师在引导学生互评时，先要引导学生学会用欣赏的眼光看待他人，从他人的优点中找到自己的不足，从而激励学生共同发展。评价的目的不在于证明，而在于改进。评价要从促进学生发展的新视角上去关注学生个性化的反应，关注学生实际发展的需求，让学生在评价中关注自己的发展和进步，真正体现评价所应有的教育意义。

第三，评价要注意全面性。评价以能否促进学生的全面发展、终身发展为根本，评价不仅要考查学生对历史知识、历史技能的掌握，还要考查历史学习的过程与方法，更要把情感、态度与价值观的表现纳入教学评价体系。教师要运用多种评价方式，把教师评价、自我评价、学生互评与家长评价等多种评价方法结合起来。教师在评价中要以"情"为基点，多鼓励学生，让学生体会到学习历史的趣味，进而使他们各方面的能力都得到提高。在教学中，对学生回答的问题或对其课堂表现进行评价是历史课堂教学必不可少的环节，评价科学与否直接影响着课堂教学效果。在教学实践中，提倡教师多鼓励、多表扬、多肯定学生，以帮助学生享受成功的喜悦，树立深入学习和研究的信心，但是，也应该避免评价简单、有失全面的现象。一是教师忽略或回避对学生的不足甚至错误的答案进行评价，对学生所有回答都用"好""不错""真棒"等来评判，或对学生提出的不同意见用"只要能自圆其说就行"来评判，不对学生的回答进行批评指正。其实，由于认知水平所限，学生的回答难免会存在缺陷与不足，教师一味表扬，有失中肯和真诚，同时也会造成对教学内容的曲解。二是教师对评价全部包办，忽略了学生的自评和互评，学生的自评和互评一方面能促进学生不断认识自我、发展自我，另一方面也能促进学生参与行为的优化。有了学生的信息反馈，教师的教学将会更富成效。

第三节　中学历史课堂教学设计的意义

一、有利于中学历史教材的合理性运用

新课改后，我们常说要树立用教材而不是教教材的观念，摒弃盲目以教材为中心的传统思想。历史教师进行课堂教学的首要任务是区分不重要的历史和重要的历史，要抓住重要的历史，并将其尽可能地讲授给学生，深化学生对历史学科的认识；同时应注意辨别事实的历史和文本的历史，关注历史证据和历史史实之间的吻合程度。

整合思维能够帮助教师根据最新的历史课程标准、社会热点话题等因素来整合知识。因而在整合的过程中教师会逐渐摆脱对历史教材的"绝对化"依赖，不但可以灵活地对中学历史教材中不同课时、不同单元的内容进行整合，而且还可以联系当前社会热点问题，加强与社会现实的联系。例如，当历史教师讲授"汉代丝绸之路"这一知识点时，不必照本宣科单纯按照教材内容罗列知识点，可整合当今时政热点"一带一路"，开阔学生视野，让教材内容与社会实际联系更紧密。

另外，整合"一带一路"时政热点能够让学生突破教材的限制，了解到"丝绸之路"在当代仍然发挥着重要作用，并且重新"焕发生机与活力"，提升学生的民族自豪感和爱国情怀。以整合思维的视角将中学历史教材放于灵活使用的位置，对教材知识的重新加工整合，不仅让教材发挥出了更高效的作用，且更符合新课改所提倡的克服"教材中心主义"。

二、有利于发挥学生主体作用

现代教学论认为，在教与学的双边运动中，学习者发挥着主体作用。新课程标准也强调"普通高中历史课的设计与实施有利于学生学习方式的改变，倡导学生主动学习"。因此，在实际课堂教学过程中教师要以学生为本，遵循学生的发展规律，强调学生的主体地位。然而，很多教师受"教师中心论"观念的影响，

在应试教育的背景下只注重应试性知识的传授，中学教学更是以应试为唯一目的，忽视学生的主体性，学生被当成知识的容器，被动机械地学习知识。正是这种"填鸭式"的教学方式，使课堂教学不断走向僵化，严重阻碍了学生创造力和创新能力的发展。

教学设计强调发挥学生的主体作用，将教学的出发点从教师的"教"转向学生的"学"，在进行教学设计时，充分考虑学习者的特点，进行教学目标的确定、教学策略的选择，从而更好地转变学习者的学习方式，激发学习者的兴趣，使学生在轻松愉快的教学活动中主动学习。这不仅有利于学生智力的开发，还有助于学生创造意识和创新意识的培养。

总之，教学设计以"学习者"为中心，是在对学习者进行全方位的分析了解的基础上进行的，其根本目的是促进学生的学习。

三、有利于学生对知识的本质性理解，形成学科观念

从以美国教育心理学家杰罗姆·布鲁纳（Jerome Bruner）为代表的认知结构学习理论中，我们可以得到启示：学科结构能够将学科内有关联的学习内容按照一定的逻辑组织起来，学生对结构的掌握意味着学生头脑中知识框架的形成，说明学生能够在一定程度上整体把握知识。

大概念是本质性的概念，是某个学科或领域内核心和根本的思想，集中体现了学科的本质和学科结构，是专家思考和感知问题的方式，能够给学习者提供"新的思考和认识世界的方式"。例如，在历史学科中，"历史是由一系列的证据组成的""历史充满了因果关系""历史的观点是多样的""历史的意义是建构的""历史是存在争议的"，这些都是指向历史事实或经验的历史学系的核心概念。学习科学时除了能使学生获得科学知识之外，还可以帮助学生理解人是如何参与和解释科学现象的，并发展相应的科学探究能力。

四、有利于历史教师的专业发展

教学设计既是教师科学规划教育教学工作的过程，也是教师专业素养的直接体现。随着教育事业的深入发展，社会各界愈发意识到教师的教学设计能力对于日常教学工作与教师专业发展的重要性。一方面，历史教学设计与课堂教学的成功与否，直接取决于历史教师自身专业水平的高低。另一方面，教师在进行课堂教学设计的过程中，能够实现自身的专业成长。二者之间是密不可分、相互促进的关系。但遗憾的是，目前学术界关于"教学设计与历史教师专业发展"的讨论

相对匮乏。因此，我们将分为两个部分讨论教学设计与历史教师专业发展的关系。

首先，教学设计能力是教师应具备的核心技术能力。随着社会的进步与发展，教师的专业化发展已成为现代教育变革的要求与必然趋势。教育部师范教育司在《教师专业化的理论与实践》一书中指出教师的专业素养主要包含专业知识、专业技能和专业情意的水平等内容，同时明确将教学设计能力列为教师专业发展的重要能力之一。之后，教育部在充分考虑现实国情和教育发展需求的基础上，制定了《中学教师专业标准（试行）》，明确将教师的专业素养划分为专业理念与师德、专业知识、专业能力三大维度，并指出教学设计能力是中小学教师专业能力的首要核心能力之一。具体到历史学科，有学者提出，中学历史教师的专业素养主要体现在学养和教养两个方面，而教师的教学设计能力正是其教养的核心所在。简单来说，要想提高历史教学的有效性，关键在于做好教学方案的设计。由此可见，随着社会的进步，教师的教学设计能力已成为新时期中学历史教师专业素养的重要组成部分，教学设计能力的提升亦成为推动课程改革与实现教师专业化发展的关键所在。

其次，教学设计有助于促进中学历史教师的专业发展。教学设计是一个相对复杂的系统项目，是将教学目标、教学策略以及客观教学条件等诸多因素有机整合的过程。过去我们常常从学习者、教学设计的过程与结果讨论教学设计对课堂教学的指导功能，却忽视了教学设计的主体也就是教师在这个过程中的受益与成长。实际上，教师作为教学设计的开发者、制作者与实施者，必须对学习者、学习内容以及客观学习环境等进行分析，这要求教师具备丰富的教育理论与学科专业知识，还有数据分析能力与协调创新能力等多方面的技能，并通过教学设计将这些理论知识与技能运用到课堂教学实践中。在这个过程中，教师首次实现了教育理论与课堂实践的融合，可以更为科学地规划与安排教学活动，同时也促使教师不断学习新的专业知识与教学理念，构建新的学科知识体系，在反复实践的过程中逐步形成具有个人特色的教学风格。

由此可见，教学设计既是科学规划教学工作的过程，也是教师实现专业发展的重要途径。结合以上分析可知，教学设计对于历史教师的专业发展具有重要意义。

第一，教学设计是课堂教学活动有效开展的重要前提。能否做好教学设计，关键看教师在教学设计的过程中能否将相关的学科知识、教学理论知识、教学设计知识、史学理论等多种知识有机结合。一方面，教师在教学开始前需要对教学环境与学生学情进行分析，同时还需要有效整合教材的内容，挖掘各学习专题之间的内在逻辑。另一方面，教学设计很大程度上可以看作一门技术，有着相当复杂的过程，单靠教师个人的课堂教学经验与专业知识是难以完成的，这需要教师积极与备课组里其他教师进行交流与协作，做到相互学习与取长补短。以上种种足以说明做好历史教学设计，不仅要靠教师本身的专业素养和课堂教学经验，还要求教师掌握上述提及的各种技能。因此，在教学设计前期，可以督促教师不断学习相关的教育教学理论，同时还能提高教师的团队协作与人际交往能力，促进教师多方面潜能的开发，增强教师的综合实力。

第二，通过教学设计，教师可以把教学理论转化为课堂实践，真正实现"在教中学"与"在学中教"。教学设计可以科学、有效地指导教师进行课堂教学，同时教师在教学实践中可以将自己的教学经验、专业知识、教学机制、智慧等因素融为一体，逐渐形成具有个人特色的教学风格。另外，教师可以从教学实践中总结经验，深化对历史教学的认识，丰富教学设计的内涵与理论，由新手型教师向研究型、专家型教师转变。

第三，教学设计可以帮助教师实现有效反思。在课程结束之后，教师可以根据实际教学效果反思自己的教学行为，并对自己的教学设计方案进行改进与调整，同时可以及时发现自己在专业知识与技能上的缺失，充分挖掘自身的教学潜力，发挥自主创造性，在理论与实践的探索过程中不断提升自己的专业能力。

第二章 中学历史课堂教学现状

在实施素质教育的今天，历史教学有着其他学科所不能替代的作用。因此，为了进一步提升中学历史课堂的教学效果，有必要对目前的教学现状进行透彻的分析与研究。本章分为教师层面、学生层面、课堂层面三部分。

第一节 教师层面

一、个人魅力不足

俗话说"亲其师，信其道"，从问卷调查中我们可以看到，大多数学生会因为喜欢或讨厌这个老师而喜欢或讨厌这门课。所以要提高学生学习历史的有效性，就要先做一个学生喜欢的老师。老师上课的过程，其实就是学生听其言，观其行的过程。听其言，就是倾听老师的讲述，教师在讲述时要注意以下几个问题。

首先，在情绪上要充满激情，因为饱满的情绪会对学生产生积极影响，就算不能一直保持激情的状态，也要维持一种平和、亲切的情绪，避免冷漠、消极的态度，因为冷漠的态度会带低课堂气氛，影响学生听课的积极性。

其次，老师的讲述要条理清晰。如果条理清晰，学生就能在听懂的同时建立起本课的知识结构及框架，当知识体系形成之后，就更有利于学生对历史事件的记忆。

最后，要庄谐并重。庄是指正式准确，就是说在说明知识点时，用词要准确，要用书面语，要完全按照书中写的定义去讲述，因为这样才能提高学生记忆知识点的准确性。但是在举例子或者是解释时，如果还是死板地去解释，就会让学生感到无趣，降低他们听课的积极性，所以在举例子时要"谐"，谐就是诙谐幽默，教师可以用一些接地气的语言或者网络词汇，选一些故事性强的故事，加强讲述的生动性。如果讲解生动有趣，自然就会提高学生听下去的欲望，有利于引起学生的兴趣，并促进其对历史事件的理解。

观其行，就是观察老师的行为，而观察行为时首先看到的是外观，所以在穿着上不应太过随意，否则会让同学感觉老师很随意，并不重视课堂，然后要注意服装的合理搭配，否则会引起同学的议论，分散同学的注意力，干扰课堂教学。而行为分为课堂行为和课下行为，课堂行为就是体态语，体态语是调控课堂的重要辅助工具，包含状态、表情、手势等。首先，讲课状态要自然，不要拘谨，也不要过于放松，保持站姿端正，保持微笑，在同学回答正确时给予表扬性的回应，让学生感受到来自老师的鼓励。其次，不要板着面孔上课，哪怕是在批评同学之后，也要转换情绪，别带着情绪上课，那样会影响学生的听课心情。最后，要注意手势的运用，一节课四十五分钟，不能一直死板地站着不动，在讲到高昂的部分时，可以加入手势来配合情绪，用课件讲解重点时，也可以用手势来进行强调。但手势作为一种辅助即可，不应太过频繁。总之，体态语使用的原则就是准确自然，适度适时。而课下行为其实就是教师在课堂之外日常的表现和行为，这看似和课堂教学并没太大关系，可俗话说为人师表，教师就是学生的表率，一言一行都是学生学习的榜样，会深刻地影响学生对教师的看法，也会影响学生对该科目的学习积极性。

二、专业素养有待提高

（一）缺乏专业自主发展动机

美国心理学家约翰·威廉·阿特金森（John William Atkinson）在 20 世纪 60 年代中期提出的专业自主发展动机理论中指出成就动因是最重要的影响因素。他还提到动机强度是由动机水平、期望值和诱因共同决定的。其关系表现为动机强度 = 需要 × 期望 × 诱因。这在教师专业发展中也是同样适用的，以笔者所在学校的现状为例，教师可以分为青年、中年、老年三个层次。青年教师刚刚上任，主要关注的是依靠个人的能力生存下去，怎样能尽快地胜任职业需要，承担基本教学任务。中年教师迫于生活的压力，在平时的工作中只求完成教学任务，然后将更多的精力放在家庭上。老年教师即将退休，因而他们也属于仅仅完成教学任务的那一类，学校、教育局的各种培训也与之无关。很多时候，学校有什么培训活动，首先是考虑近期晋升职称的老师，如果那些老师不愿意去，就会强加给青年教师。从中我们可知，教师在自我专业发展方面都是被动的，除了完成教学任务，他们很少研究、钻研，且很少重视自己在课堂教学过程中的自我增值，即使接受所谓的进修、在职培训等也往往是被迫的或是出于职称晋升的目的。因此，教师专业发展的难题之一就是教师专业发展自主性的缺乏。

（二）历史专业知识结构存在缺陷

卡尔·海因里希·马克思（Karl Heinrich Marx）说过历史是一门唯一的科学，而这种唯一的科学表现出了极强的知识性特点。因此，历史教师只有具备全面的知识体系，才能有效完成教学目标。这一知识体系一般应包括如下的内容：历史专业知识、教育心理学知识、历史教学论知识、其他学科知识等。一些历史教师在开展教学活动时，无法突破课程知识这一范围，未合理进行知识拓展，这样的历史教师的知识结构是不完善的。例如，在讲述必修二古代中国的手工业时，大多数教师只是以多媒体的形式向学生展示古代手工业的成就，并没有从文物学、博物馆学的角度对文物进行分析，这样下来整节课仅仅是在放幻灯片而已。还有讲到必修三近代科学技术的辉煌时，有些教师会感觉力不从心，因为里面涉及很多其他学科的知识。之所以会出现这样的情况就是因为教师知识结构不够完整。随着现代考古发掘技术的发展，很多旧有的史学观点被推翻，但是大多数教师在讲述的时候还是按照原来的观点，并没有及时对知识进行更新。这说明，教师知识结构也存在着陈旧性。教师专业发展面临的又一问题就是教师知识结构存在缺陷。

（三）历史专业知识素养有待深化

历史有效教学的原动力不在教育学和心理学，而在历史学。以往凡是把历史讲得不熟不透的教师，都是因为学科功底不好。因此，一个好的历史教师固然要掌握教育学和心理学知识，但是渊博稳健的历史专业知识素养才是其教学的原动力。

不同职业时期的初中历史教师的专业知识表现出不同的特点，但是总体来说其历史专业知识素养有待深化，主要表现在史学理论知识和历史教育理论知识等方面。例如，在处理社会形态问题时，大部分历史教师只是简单地告诉学生按照生产力的标准，人类社会划分为原始社会、奴隶社会、封建社会、资本主义社会、社会主义社会及共产主义社会这几种形态。而史学理论功底比较深厚的教师，会深入介绍生产力决定生产关系，生产关系反作用于生产力。例如，历史上的秦国商鞅变法，说明变革不适应时代发展的生产关系，会促进生产力的发展，经过变法的秦国从诸多国家中脱颖而出。

（四）历史专业能力素养有待提升

教学反思与研究能力是教师开展教学活动的发展性动力，二者相辅相成，是教师提升专业水平的基石。我国一些中学历史教师专业能力素养有待提升主要表现在历史教学反思能力、科研能力、历史学业评价能力、命题能力四个方面需要加强。以山东省聊城市阳谷县为例，在阳谷县教育与体育局及县内大部分学校的倡导下，大部分教师积极发表科研论文，每位教师每学期都进行教学反思、小课题研究等，发表不同级别的文章会在年度考核中进行量化加分，另外发表省级或国家级的论文对职称评定有一定的帮助。不难发现阳谷县初中历史教师在历史教学反思、课题研究、论文发表等教育科研方面有着不错的成绩，但是认真翻看，其质量参差不齐，理论和实践价值不足。

（五）教师缺乏教育研究精神

新课改要求教师成为新型教育研究者。不过就目前的情况来看，绝大多数的历史教师显然没有达到这一境界，并在教育科研方面存在诸多问题。一方面，有些教师研究能力不强，缺乏钻研、研究精神。例如，大多数教师上完课就完事，很少有人去就课本上的某一个问题进行深入仔细的研究，在平时的教研活动中也往往是应付了事，针对课堂中遇到的突发事件，也缺乏深入系统的研究。另一方面，有的教师在教学论文方面缺乏钻研，笔者所在学校教研室每学期都要求教师撰写一定数量的教学论文，并会在来年的开学典礼中予以表彰。但即使在这样的要求下，学校主动撰写论文的人是少之又少。如果有人主动去写论文，那一定是迫于评职称的需要。而我们知道，这样的教师是不符合新课改的需求的，可见，新课改下，教师专业发展的另一重大难题是教师研究精神的缺乏。

（六）继续教育成效不大

随着社会的发展，新的知识、信息大量产生，人们对教育和历史学科功能的认识也在逐渐深化，历史教育的内容和方法等都将发生变化，历史教师的继续教育就显得异常重要。教师的继续教育是当地教育局和学校高度重视的事情，学校每年也都会组织类似的继续教育，有现场的教育专家的讲座，也有远程的网络培训。但是这些所谓的培训通知，对于教师来说却如晴天霹雳。大多数教师是不愿去参加此类培训的，最终就变成了教师被动地去参加培训，缺乏主动性。还有一种情况就是，有些青年教师是愿意接受此类培训的，但是培训的内容往往是在给教师灌输一些所谓的心灵鸡汤，可以说教师继续教育的效果微乎其微，这也是教师专业发展中面临的又一难题。

（七）教师缺乏自我发展意识

教师自我发展意识是教师内心自愿的、主动的，不受外界强迫的发展意识。意识决定行为，教师能否实现专业发展，直接取决于教师的自我发展意识。一些历史教师提升自身信息素养以适应互联网时代的自我发展意识不足，主要体现在职业生涯规划不明确、专业发展动力不足、学习积极性不高、对互联网教育的改革也缺乏关注热情。

很多历史教师觉得"互联网＋教育"模式给自己带来了压力，因为自身互联网教学技能薄弱，且互联网教学使自己的工作量加大，负担加重。教学能力的不足，传统的教学思维，也使自己无法很好地整合互联网与历史教学，课堂效果也并不理想。如果教师自我发展意识不足，没有迎难而上的魄力和积极探索的热情，只是安于现状，就不会为自己制定职业生涯规划，不会关注教学发展趋势，不会更新教育教学理念，不会改进教育教学方式，也就不会实现自身的专业发展。

综上所述，在新课改的背景下，中学历史教师面临着前所未有的压力和挑战，为迎接这种挑战，教师必须努力促进自身的专业发展；历史学科的特点又促使教师必须不断提升自己，促进自身的专业发展；目前历史教师所存在的问题也促使教师不断提高自己，促进自我的专业发展，以更好地促进新课改的顺利展开。由此可见，教师专业发展是当前教育界必须重视的事情，也是新课改的必然要求。

三、教材整合不当

教材是课堂教学的重要资源，但是有些学生并不是很喜欢当前使用的教材，原因之一是不喜欢中学历史教材的编纂方式。以高中的教材为例，高中教材并不是按通史的方式编纂的，而是按专题的方式，分为政治、经济、文化三大部分，这种编纂方式并不利于时间的梳理，在和学生的交流中，笔者发现学生更喜欢通史类的教材，可能是因为初中三年同学们已经习惯了按时间顺序编纂的通史类教材，而突然间改换成专题类的教材，学生们的思维转换不过来。但总的来说，不论是通史类还是专题类，都各有其优点，教师要根据不同课、不同学生的情况选择主题整合或者时间整合的方法。时间整合就是教师在每个专题下帮助同学们按时间顺序整理出历史发展的线索，具体方法就是在一个专题或者一个主题的条件下，按时间顺序调整事件或课题的次序。例如，在讲完岳麓版必修一教材政治文明历程中的第一单元后，同学们都反映朝代的顺序太乱，制度太多太杂，记忆的时候往往不能和朝代一一对应，中央官制和地方官制常常混淆。为了解决这个问题，可以加一节复习课，来总结中国古代中央集权制度的发展，按照从秦朝到清朝的顺序整理出三条线,即中央官制的发展、地方官制的发展、选官制度的发展,可以很清晰地概括出三大制度在各朝代的表现和发展的过程,从中就很容易总结出中央集权制度的特点,即皇权不断加强,中央权力不断加强。所以时间整合的方法更有助于学生对于时间的记忆,适用于时间很长的历史事件。而主题整合是将主题一致的事件整合到一起,而弱化时间的先后顺序,这样就有利于凸显主题。例如,政治文明历程中的第25课《世界多极化趋势》和第27课《跨世纪的世界格局》,这两课都是讲世界多极化的,同属一个主题,但中间却夹了一个第26课《屹立于世界民族之林——新中国外交》,这就使得学生的思维要先从外国跳到中国,再从中国跳回外国,造成主题混乱,所以我觉得可以将25课和27课整合到一节课去讲述,25课是世界多极化趋势开始出现,27课是讲这种趋势加强,所以这样的安排会使得学生加深对世界多极化趋势的理解。除了多课之间的调整之外,也可以在一课中进行调整,例如,岳麓版必修一中的第13课《太平天国运动》,教材中的编写顺序是金田起义——北伐西征——《天朝田亩制度》——天京变乱——《资政新篇》——天京陷落,这是按照时间顺序来编写的,可是本课用主题整合的方式可能会更好,将之分为两个部分,首先,太平天国的发展过程是金田起义——北伐西征——天京变乱——天京陷落,这样可以很清晰地表现出太平天国由开始到全盛再由盛转衰最后到失败的发展过程,然后再回过头来讲,分别介绍《天朝田亩制度》和《资政新篇》,并将两者做一个对比,因为这两者都是太平天国制定的文件,也都对太平天国产生了一定的影响,所以将这两者一起讲,有助于学生产生一种对比式的记忆。除了大方面的整合外,教师也可以对书上的一些补充性资料进行整合,使之作为讲解知识点的辅助工具。对于岳麓版教材来说,大字通常是知识点,而小字通常是些课外故事,所以教师可以选择小字中的内容,作为一个生动的例子去讲解,例如,美国驴象两党名称的来历,或者石达开西征的故事。

　　另外,教材中附有很多的插图,教师完全可以将其放到课件中去,除了可以使课件变得图文并茂之外,插图的生动性可以使得学生更好地理解知识点。例如,必修一的第1课《夏商制度与西周封建》,里面有一张西周分封形势图,从这个图中同学们可以直观地看到西周初年分封了哪些主要的诸侯国,并且这些诸侯国都分封给了哪些对象,同姓亲族封在鲁、卫等国,功臣封在齐国,先代贵族封在宋国等。再比如通过这节课的大宗、小宗示意图,同学们可以明白大宗和小宗的形成过程,并了解天子、诸侯、卿大夫、士再到庶人的等级序列。

　　除了必修教材内部的整合之外,教师也可以适当地从选修教材之中选择一些和必修教材有交集的内容，例如，在讲古代史时，就可以举康熙的例子，除鳌拜体现了权臣乱政，威胁皇权；而平三藩体现了地方势力尾大不掉，对中央造成威胁，体现了中央和地方权力的矛盾。在讲近代史时，就可以举一些二战的例子，说明中国在二战中起到了牵制日军、避免苏联双线作战的作用，这样也有助于同学们理解抗日战争的重要意义。

四、现代教具运用不足

我国很多中学的硬件设施配备较为完善，每个教室都备有多媒体投影设备，除此之外一些辅助的遮光窗帘等也是齐全的。在软件应用方面，各位教师能够熟练运用多媒体设备，基本能够操作课件制作软件。但是要成就一堂好的历史课，单单达到能够制作课件的程度还是不够的。

（一）青年教师课件内容整合不到位

很多中学的青年教师数量与资深教师数量相当，这部分教师在运用多媒体方面有着自身的优势，在课件的制作以及运用方面非常熟练，这是一个好的现象。但是课堂教学过分依赖课件也成了一个严重的问题，课件展示内容过多，对课件所呈现内容筛选不到位都是现代教具普及下所存在的一个问题。对于中学历史课堂教学来说，最严重的问题是课件内容繁多。

课件内容繁多反映在两个方面：一是课件页数多，通过听课以及教师课件资源共享可知，课件大多在 40～50 页；二是课件所呈现的史料不够精简，呈现给学生的是大段大段的文字材料。课件页数多说明教师对每节历史课的重点把握不到位，补充的教学内容过多，有些不必要的内容反而喧宾夺主占用了讲授重要内容的时间。而运用大段大段的史料，虽然说明教师对史料十分了解，但是对史料的选择和处理没有充分考虑到初中学生的学情，没有对史料加以整合，反而华而不实，使学生理解不了。例如，在《中国近代民族工业的发展》一课中，教师结合地方史在课堂中加入了无锡著名的资本家荣氏兄弟的事迹，想法非常之好，而且史料也搜集了不少，但是对史料的筛选处理还欠火候。材料全部采用文字形式呈现，而且大多数为一个内容就占满一整个版面，相信如果加强对史料的处理会是一堂非常精彩的历史课。

（二）资深教师制作使用课件技术不到位

虽然资深教师在教授技能方面十分厉害，但是由于接触新技术较晚等原因，大部分资深教师对现代教具的运用并不是十分热衷。有些教师只有在公开课时才会使用多媒体，课件质量一般，只是将一些文字呈现出来并不具备美感。当然对于很多资深教师来说，多媒体课件实质上是可有可无的，就算不运用课件他们也可以将一节课讲述得十分精彩。历史学科有些课是适合运用多媒体技术的，例如，《现代文学和美术》以及《现代音乐和电影》这两节课，其实最应该充分利用多媒体整合素材的功能，然而有些教师不是课堂所用课件极其简陋就是没有课件。新课标对历史教师提出了新的要求，现代教具成了一个非常有用的教学辅助工具。

五、运用互联网教学方面存在问题

（一）历史教师的信息素养有待提高

目前，我国中学历史教师的信息素养整体偏低。部分历史教师很少自觉通过网络平台进行专业学习，偶尔学习也只是应付学校的教学任务，使用信息技术的熟练程度也不够，不会插入音频视频，不会制作动态地图，不会使用微课制作软件。部分中年历史教师在打开多媒体教学设备方面仍存在困难。由于信息知识与信息技能的短缺，大部分历史教师对互联网的使用也仅限于查阅资料，多媒体设备也仅用于播放课件。同时调查发现，教师的信息道德水平也需要进一步提高。部分历史教师对互联网信息资源权威性并不够重视，在做史学研究时，对获取的信息不加以筛选和佐证，直接引用。对信息资源的权益问题重视程度也一般，部分历史教师在做课题研究或撰写论文时，直接盗用他人理论观点，存在学术不端问题。

（二）对"互联网＋教育"改革缺乏关注

现如今，随着时代的发展，互联网不仅影响到了我们的生活，也影响到了学校的教学，然而，我国有些一线的历史教师对"互联网＋教育"缺乏深入认识，认为"互联网＋教育"即信息化教学，对其认识还停留在使用多媒体进行教学、利用互联网查阅资料上。不了解"互联网＋教育"的教育理念，也就无法了解当前的教育发展形态和未来教育发展趋势，无法抓住机遇以促进自身专业发展，更无法意识到自己所面临的挑战，从而在日常的历史教学中积极主动学习，探索信息技术与历史教学的有效整合以应对互联网教育改革。历史教师对"互联网＋教育"认识不足，一方面是因为自己未主动去关注教育发展动向，另一方面是因为教育部门及学校未进行相关的宣传教育，未能引起教师重视。

（三）对互联网的认识误区

历史教师对"互联网＋教育"改革和信息专业发展都存在着认知上的误差，

主要表现在三方面：第一，大多数教师认为信息技术的发展与传统面对面授课无关，忽视信息技术对教育领域的影响，不接受不学习不运用，持有这种态度的主要人群是年龄较长的教师和对新事物接受力较低的教师，这些教师坚持认为教学质量完全由教师现实教学和学生的努力程度决定，把自身的授课能力、专业知识、执教方案等作为决定教学质量的因素，很少会利用信息技术提高教学和授课质量。第二，心理上的畏难情绪。历史教师限定在隔行如隔山的固有思维中，觉得信息技术高大上，不是传统教师能够掌握的，更觉得网络资源五花八门，很难筛选，从而就对"互联网＋教育"这种教学方式产生了抵触心理。第三，无用论观点。在全球互联网化的大背景下片面地与过去作比较，认为过去在没有网络、多媒体、大数据等高科技时教育依旧可以顺利进行，但是却忽视过去教育事业发展缓慢的状况，知识范围、教育资源整合、个性化教学方面都是无法和"互联网＋教育"方式比拟的。一位教龄 35 年的历史教师说："历史课堂上让学生角色扮演啊，借助多媒体实施翻转课堂啊，都是花里胡哨不实用的，学生兴趣是很高，但实际什么都没学到。"如此一来，就会使部分教师从心理上拒绝对信息技术的学习和探究，这种落伍的理念使得历史教师的教学方式单一、专业难以提升。部分历史教师认为，上网查资料，偶尔用多媒体课件就可以了。

与此相反，一部分年轻教师则认为现代信息技术教育可以完全取代传统教学方式。出现这一认识的原因是年轻教师接受新鲜事物的意识强，但缺乏深度思考，认为在"互联网＋教育"时代，只要懂得将信息和多媒体技术运用到现代教学课堂中，就可以解决授课问题。很明显，这种观点太过于片面和激进，虽然肯定了信息技术在教育中举足轻重的地位，但是却忽视了传统授课方式的特有优点，认为在网络资源和计算机技术下的电子白板交互功能、微课、远程教学等方式就是最好的教学方式，认为这样便是"互联网＋教育"手段与学科教育手段的深度整合，从而导致教师过分依赖互联网，对教学缺乏独立思考，课堂教学过分依赖 PPT。这一认识只是将"人灌"变成了"机灌"，反而限制了教师的专业发展。

六、教学策略理论研究与实践不足

教师在教学过程中为达到一定的教学目标会采取一系列教学方式和行为。教师可根据学科特点、题材及学生的年龄阶段选择不同的教学方法，如讲授法、讨论法、发现法、指导发现法、自学辅导法等。教学策略是为达到某种教学目的而采用的手段或方法，包括在教学活动中师生间连续的有实在内容的交流技巧和艺术。

（一）教学理念落后

目前历史教师的教学理念并没有紧跟时代的发展，教育观念比较陈旧。教师在师生关系、教学方式与培养目标等方面的认识虽然发生了转变，但也并不乐观。在对师生关系的认识上，大部分教师认为应与学生建立朋友关系，但仍有近一半的教师具有传统的师生关系理念，不能完全民主以及平等地与学生对话、交流与合作。要实现新课程的教学要求，历史教师就必须调整自己的教学方式，在授课方式上，大部分教师在课堂中仍注重知识的讲解，说明教师仍然无法摆脱传统的教学方式，且相当一部分教师仍注重学生的考试成绩，偏离素质教育的发展轨道。究其原因有以下两点：一是我国选拔人才的方式仍以考试选拔为主，所以学校、教师及家长都以成绩为标准；二是教师及学校注重升学率。思想是行为的先行官，每一次新旧事物的更迭都伴随着思维的转变，古有百日维新思想改革，今应有教育思维转变，而这一转变的引领者和实践者必须得是广大一线老师们，在吸收传统教育理念和授课方式精华的基础上，升华"互联网＋教育"，继承与发展从来都不是矛盾的，重点在于老师们的思维转变和改革创新的恒心与魄力。

中国千百年前就有"尊师重道"的传统，教师是学生心中的权威。学生智力和心理发展尚不成熟，在一个不熟悉的领域中，面对唯一的权威人物，难免产生依赖和崇敬心理。部分教师在传统教学理念的驱使下成为课堂上的独裁者，主要表现在：第一，对知识的独断，不允许学生质疑；第二，滥施权威，采用恶劣的手段使学生屈服于自己；第三，不根据学生的特征加以引导，不能做到因材施教；第四，将知识强加给学生，不传授发现知识的方法和策略。于是，教学过程中教师仅仅重视对基础知识的传授，并不在意对学生思维的培养；学生的任务只是背诵知识、应对检测，成为一台考试的机器。

课堂活动成为一种单向传输的模式，课堂互动也仅限于教师提问、学生回答的形式。这种活动只是用来检测学生的掌握程度，而对学生能力的提升意义甚微。在传统教学观念下，教师往往只是向学生传递历史基础知识、相关历史事件以及其产生的历史影响等，但是对于其中的逻辑关系并不加以阐述，这就使历史成为一门死记硬背的学科，不受学生欢迎。在这样的课堂上，学生的注意力难以集中，思维逐渐变得懒惰，问题意识淡化。

（二）历史教师教学策略理论研究不足

教学策略是由教学过程中对教学内容的架构、教学方法的选取、教学用具的选择、教学活动的策划等多方面组成的，是实现教学目标的具体途径和方法，同时也是教学目标实现的过程与内容。通过对教学对象和教学目标的综合考量，历史教师从多种教学策略中选出与本课内容相符合的部分，在教学实践的过程中，很多教学策略被不断加强并得到广泛的应用，这其中尤以史料教学、探究性学习、问题式教学、情景式教学等一系列教学策略为代表。但在教学实践中，大部分历史教师或是因为不重视，或是因为教学任务过重，对于教学策略理论的研究非常少，其对历史教师的教学实践所起到的指导作用也不明显。

（三）历史教师教学实践不足

在掌握一定的教学反思理论后，历史教师应熟练使用这些理论，并将其运用到实践中来，但现实的情况是，部分学校组织的教研活动中涉及教学反思的部分很少，这些教研活动本身就是针对考试而进行的，针对性较强，但对其他方面则明显不够重视，教学反思活动很少。这种情况就要求历史教师自行进行教学反思研究。对于历史教师来说，没有正确的教学策略，只有合适的教学策略，实践是检验真理的唯一标准。由于历史学科知识的特殊性，历史教师在选取历史教学策略时应对相关的知识有着通盘的考虑，根据不同的知识点以及不同的专题选择不同的教学策略。但现阶段，历史教师对于教学策略的实践还停留在比较初级的阶段。大部分历史教师认识到了趣味性教学对中学历史教学的作用，也认识到了培养学生对历史学科的学习兴趣的重要性，但受限于授课时间、教师自身习惯、考试成绩压力等，对教学策略特别是教学方法的选择非常谨慎。这就导致了教师讲授不同专题、知识点时的方式几乎一致，对教学策略的选择太过单一。而在教学反思中，很多中学历史教师对于教学策略的反思也就被忽视了。

七、历史教师与学生缺乏沟通和交流

教学过程中教师与学生的沟通和交流有着非常重要的地位，教师与学生之间应该有密切的联系，双方在平时的交流中应注意加强对另一方的熟悉和了解程度，这些都有利于教学任务的完成，然而在实际情况中，部分历史教师对学生的了解不足，在教学过程中出现了较多的问题。例如，在新航路的开辟、欧洲的殖民扩张与掠夺以及改变世界的工业革命这三课中，大部分历史教师采用的教学方式都是类似的，多位教师均采用讲授法，将这三课中的知识点以板书和课件的形式传授给学生，这种方式有利于教师完成教学任务和掌控课堂，但对于学生掌握和吸收知识则帮助较小。历史教师与学生缺乏沟通和交流具体体现在以下几点。

（一）缺乏对学生学习兴趣的激发

随着教学课程的改革，要想激发学生学习的积极性和主动性，就应该发挥学生的主导性作用。但是在历史教学课堂中，一些教师仍然以自我为中心，在讲台上给学生灌输各种知识，忽视学生的兴趣和接受能力，这样既不利于激发学生学习历史的兴趣，也不利于提升学生自主学习的积极性。历史教师在授课过程中，应时刻注意引导学生的兴趣和爱好，从学生比较了解或者感兴趣的地方入手，这样有利于激发学生学习历史的兴趣，从而实现让学生主动地参与到学习中来这一目的。

实际上，历史是一门能够引起学生兴趣的学科，我们经常可以听到学生喜欢历史但不爱上历史课这样的说法，这就说明历史教师在激发学生学习历史的兴趣方面存在一定问题，课堂教学中采用的方法不利于提升学生对历史课的兴趣。

（二）与学生联系不够紧密

初中、高中历史教师大多为科任教师，所以平时与学生的交流相对较少。对教师而言，与学生沟通，了解学生的知识现状和结构对于教学是非常重要的。如果不是班主任，一部分教师上完课就转身走人，很少去了解学生的感受和体会，这样就很难对自己的学生和班级各个方面的情况都做到了然于胸。任何一个班的学生对历史知识的了解都是参差不齐的，如果教师不了解学生的状况，全然不顾学生的基础，直接讲连自己都有些含糊的课本知识，就会使学生无所适从，极大地影响历史教学的效果和质量。作为科任教师，历史教师不需要像班主任一样经常待在班级里，这也就说明历史教师很难在短时间内与学生建立起密切的关系。每个班级都有数十名学生，这些学生的历史基础不同，学习历史的热情和兴趣也不同，这些现实情况决定了高中历史教学的复杂性，如果历史教师不加以区分，而是按照统一的方式进行授课，则很可能影响课堂教学质量，引发一些不必要的问题，因此，中学历史教师应多与班主任沟通和交流，了解学生的特点，然后根据学生的特点对教学目标及教学策略等进行调整。

八、教学反思部分所缺失

（一）教学反思理论知识缺乏

目前，中学历史教师无论是阅读的教学反思理论著作还是参加的系统的教学反思理论培训，都十分有限。大部分历史教师很少阅读教学反思方面的研究论著。历史教师缺乏系统完善的教学反思训练，教学反思理论匮乏，成为影响实践教学中反思不深入的主要因素。因此，虽然教学反思理论对教师的教学实践至关重要，然而受教师主动学习意识差、相关培训机会少等因素影响，历史教师普遍缺乏对反思理论的系统认识，这在很大程度上也影响着教师反思的程度及效果。

（二）教学反思主动意识与自觉行动相脱离

虽然部分历史教师认识到了教学反思的重要性，也有主动反思的意识，但是主动意识与自觉行动往往相脱节。多数教师对教学过程的反思仅仅停留在头脑中，即仅具备反思意识，却没有落实到行动中。如前面所述，很少有教师主动学习有关反思的理论知识，也很少在课堂教学中进行反思，阶段性的总结反思更少。不仅如此，部分教师将教学反思的具体实践视为一种负担，如果学校不做硬性规定，则很少会有人将教学反思作为教学活动的一部分，并认真践行。即便部分教师在教学中做了反思，也往往避重就轻，趋易避难，那些需要投入时间精力的研究型反思方式往往没有教师使用，如"录制课堂小视频""结合案例撰写小论文"等，而这类反思更深入，也更有效果。

（三）教学反思内容粗浅

部分历史教师的教学反思内容简单，反思的形式大于内容。以下是某中学一位高一历史教师关于《辽宋夏金元的统治》一课的教学反思，称"教材知识聚焦点过多，过于分散，结论性语言较少，听课讨论时容易时空混乱，课堂教学较为传统"。另一位教师的反思同样寥寥数语，称"这节课感觉留给学生思考、阅读史料的时间不够，有待进一步提高课堂教学效率"。这两段反思都是针对教学内容的，反思的过程较为简单，课后反思的内容也不全面，只是针对就课堂教学的部分问题，没有涉及教学目标的达成、教学内容具体安排、教学资源运用以及对自身专业素养的反思等内容。在反思中也只是提出存在的问题，如"教材知识聚焦点过多、阅读史料时间不够"等，并没有深挖这些问题背后的原因，也没有提出有针对性的解决方案，这种浮于表面的反思对课堂教学来说意义并不大。在历史教学反思当中，发现问题很重要，但是找到问题背后的原因以及提出可行性的改进方案并运用到实践中才是反思的根本目的。这种只提问题的教学反思并不是个例，由此可见，教师教学设计后的教学反思情况整体并不乐观。

（四）教师的群体反思不受重视

很多中学历史教师的教学反思，以教师个体的自我反思为主，群体反思的常见方式为教师之间的课后交流和听课活动，而这类目的性不强的反思行为效果并不明显。首先，教师之间的课后交流并没有一定的规范，也没有具体的规章制度。教师之间多谈论本节课的教学情况，没有形成系统化的反思，缺乏正式的流程和明确的目的，多是课后零散时间里的随意交谈，且往往不会将交谈内容作为教学反思进行记录，难以达到良好的历史教学反思效果。其次，学校常见的集体教学反思方式为集体听课，集体听课多为学校或者教研组强制要求的，教师之间自觉自愿开展互相评课的活动十分有限。多数教师因为学校会定期检查听课记录本，而将其作为一项任务去完成。因此，听课评课并由此而进行的教学反思多是被动实施的。多数教师认为自己教学任务繁忙，可自由支配的时间较少，面对学校强制性的听评课要求，内心有反感抵触的情绪，这种状况显然并不利于教学反思的有效开展。最后，关于教学反思相关理论的培训并不多。如果教师长期没有得到教学反思方面的相关培训，那么教师教学反思的实践行动就缺乏理论的指导，教学反思的理念不能及时更新，很难与不同地区的教师进行面对面交流，这些都将影响反思效果和反思质量，进而影响教学效果。

（五）教学反思方式固定化

教学反思的方式是历史教师将不可见的思维过程变为可见结果的一种手段。但是目前历史教师教学反思的方式比较固定，在当前通行的教学设计本或听课本中都附有"教学反思"和"教后记"等栏目，历史教师一般在该栏目记录印象深刻的教学反思片段。因为篇幅有限，大部分教师的教学反思多则几百字，少则几十字。这种教学反思形式固定且不能够深入反思，反思往往流于表面，很难在实践教学中发挥作用。而"头脑中想一想""与其他教师交流"的方式则因为时间和地点不确定，随意性较大，缺乏持续性和保存性，效果也不佳。"修改教学设计"是教师根据课堂教学实际情况，及时调整教学方案的一种自觉反思方式，将反思所得与课堂教学相融合，效果显著，可以起到立竿见影的效果，然而因其耗时费力，还有可能打乱原有的教学计划，且修改教学计划可能仅是在思维中修改，并未形成正式的书面计划，所以，这种方式所取得的效果也受到一定程度的干扰。

总之，目前中学历史教师的教学反思方式似乎看起来较之前丰富，但实质上趋于固定，受这种固化的反思方式的影响，教学反思的广度和深度也受到了不同程度的限制，久而久之，影响历史教学的创新性，反思的内容也变成了老生常谈的话题。

（六）对教学评价的反思不足

教学过程中，教学评价是最容易被遗忘和忽视的一部分。教学中每一个小阶段的结束、每一个小的教学目标的完成，都应该伴随着相应的教学评价。由于历史学科偏重于对知识的记忆和对问题的思考，历史教师往往习惯于将课堂教学作为教学的结束。教学评价这一环节的作用仅仅能在历史教师的再次教学的教学设计阶段有所体现，这样就忽视了高中历史学科多样的认知结构和灵活的思维方式。教师在教学过程中很容易忽视某些隐性的教学目标，教学评价既是检验历史教师是否完成这些教学目标的一道防火墙，也是历史教师在完成课堂教学之后进行教学反思时最有力的参考，这样不仅能够明确本次课堂教学的优缺点，也可以提升历史教师教学反思的正确性。

但在实际的操作过程中，教学评价本身就缺乏连续性和总结性，自然也就谈不上对教学评价的反思，这实际上就浪费了教学评价的作用，同时也没能发挥出教学反思的功能和作用。

1. 教学反思缺乏连续性

教学评价是根据教学目的和教学原则，利用所有可行的评价方法及技术对教学过程及预期效果给予价值上的判断，和对被评价对象做出的某种资格证明。在此基础之上的教学反思可以使历史教师在接下来的教学活动中有更明确的目标和预期，对教学过程做出明确的分析和总结，但在实际教学过程中，并不是每一节课都能有足够的时间进行教学评价，当教学任务较轻时，历史教师可以比较轻松地完成教学评价，但是当教学任务比较繁重的时候，教学评价的效果就将大打折扣，也就无法保证教学评价的反思的效果。例如，在讲授岳麓版必修二《新航路开辟》这一课时，因为教师的教学任务不算繁重，所以教师有时间和精力来进行教学评价，而讲授《改变世界的工业革命》这一课时，由于教学任务较重，教师为完成全部的教学任务，很可能无力进行教学评价。

2. 教学反思缺乏总结性

教学评价通常是教学环节中最后一部分，在完成教学评价后就相当于完成了课堂教学，而课堂教学完成后，一部分历史教师的教学反思流于形式，以应付上级检查为目标，基本不予重视。这其中确实有教师工作压力较大的因素，但学校和教师的不重视才是出现这类问题的重要原因。由于教学任务重、反思时间比较少，不少教师在完成当前单元的教学任务后，很少进行单元的总结性的教学反思，需要尽快进入下一单元的教学备课工作，例如，教师在讲完高中历史必修二的第二单元工业文明的崛起和对中国的冲击后，还需要准备第三单元各国经济体制的创新和调整的教学内容，第三单元中包括多个重点课，教学任务较重，教师的备课压力较大，所以很少有时间对之前的单元进行总结性的反思。

（七）教学反思整体水平较低

教育哲学家马克斯·范梅南（Maxvan Manen）将教学反思划分为三个层次。一是教师个人非理性地对教学方法的效率和效果进行分析。二是教师开始思考教育目标背后的假设，对学生和教师的行为进行分析，分析是以主观知觉为基础的，带有个人偏见。三是以道德和伦理为基础进行分析，教师不带个人偏见关注学生的发展。三者之间是层层递进的关系。但是很多历史教师的教学反思水平集中于前两者，历史教师的教学反思主要在课后，课后反思大多是对上一堂课的完成度和满意度的回顾，如教学手段的实用性、某个教学环节的评价或者历史学科核心素养的达成情况等。这些课后反思的内容基本属于前两个层次，而前两个层次的反思都是较为基础的教学反思，一般从业几年的教师通过教学经验的积累都可以达到，但是如果不进行主动的研究很难达到第三层次，并且第三层次与历史学科的教育功能是紧密相连的，同时也是家国情怀的培养和传达。而历史教师教学反思集中于前两个反思层次，第三层次的反思未到达半数，这表明历史教学反思对家国情怀的关注不够，教师更关注对教学过程的反思，忽视了高中生的情感培养。因此，课前和课中的反思少，带有批判性的家国情怀与伦理道德等方面反思不足，导致部分历史教师教学反思的整体水平较低。

（八）对教学策略缺乏深度思考

教学策略是教师完成教学目标的重要手段，是教师对教学方法、教学形式、教学程序的总体选择，对历史学科而言，历史教师在课堂中选择的教学策略关系到教学目标的实现程度，选择合适的教学策略对于历史教师而言非常重要。一堂历史课能否让学生记忆深刻，让学生记住相关的知识点并对有关的历史史实产生兴趣，教学策略起着至关重要的作用。很多历史教师对教学内容的反思非常重视，但却忽视了对教学策略的反思。

以下是某教师对《大萧条和罗斯福新政》一课的教学反思中对教学策略这部分的反思：学生对本课内容比较熟悉，因此在教学过程中应使用讲授法对知识点进行讲解并适当调整，重难点内容要突出，做到重点讲解。教学过程中通过相关图片和视频学习1929—1933年资本主义世界经济危机爆发的原因、特点及影响，课堂效果较好。教学过程中对罗斯福新政的背景、内容、特点和影响的深入引导仍存在一定不足，学生对于这几部分的掌握存在不足。在教学反思中该教师认识到本课的内容为学生的已知内容，对教学过程中的方式方法进行了调整，但忽视了可以让学生从新的角度对历史事件及历史人物进行再认识。在进行教学时，教学方式比较单一，单纯地依靠讲授法及多媒体进行教学。实际上，教师在完成这部分的教学时，完全可以尝试小组合作学习和自主学习等方式，但该教师既没有在课堂中使用，也没有在教学反思时考虑这些方式，说明该教师对历史教学策略缺乏深度思考，只是用讲授法或是图片引导的方式，不利于培养学生的历史学习能力。

九、缺乏多元化教学评价

有效的历史教学评价的基本目标是促进学生的全面发展。它面向的是未来，而不是过去；面向的是多数，而不是少数；面向的是学生的可持续发展，而不是以奖励和惩罚为目的。历史教学评价应该促进教师与学生间的沟通与交流，而不只是教师针对学生的单向性审查。传统的教学评价中仍存在较大的瑕疵，它过于强调学生的成绩和分数，却忽视了学生素质的发展。党的十八大报告中首次提出将立德树人作为教育的根本任务，这就要求教育要更加重视学生品质及德行的培育。中国传统社会往往把考试作为提升其阶级层次的手段。我国现阶段虽大力提倡素质教育，但是以纸质考试为主的评价体系仍然占据主导地位。这种评价体系在一定程度上具有积极作用，但是对于学生解决实际问题、全面多层次发展却并无益处。另外，在学习过程中，教师既是学生学习的榜样，又是学生产生自信心的重要源头。教师的鼓励与赞赏是学生进步的动力，教师的建议与督导是学生前进的方向，因而，历史教师应从教学实际出发，以提高学习兴趣、激发学习潜能为评价的目的，拒绝单一的终结性评价，注重教学中的形成性评价和诊断性评价。

第二节　学生层面

一、没有强烈兴趣

首先，我们发现同学们认为历史教材的趣味性不足，稍显枯燥。心理学家约翰·菲力德利赫·赫尔巴特（Johann Friedrich Herbart）曾指出："要掌握知识，并且得到更多的知识，就必须有兴趣。"因为只有与儿童经验相联系的内容，才能引起儿童的兴趣，只有能够引起兴趣的教学内容，才能使儿童保持警觉状态，从而更好地接受教材。所以教师就要想办法调动学生对历史的兴趣，那学生的兴趣点在哪里？我们发现同学们对于人物故事有着浓厚的兴趣，因此，首先在一些课程中我们可以加入人物的事迹，例如，以洪秀全为线索，串讲太平天国的发展史，以孙中山上书失败——转投革命——推翻清朝——妥协北洋为线索，讲述辛亥革命的开始和过程，等等。其次，也可以从当下的影视剧入手，一方面可以调动学生兴趣，另一方面也可以说明剧里面的戏说成分，避免误导。最后，可以充分开发本地资源，像我国的城市——大连，大家都知道大连有俄罗斯风情一条街还有日本南山风情街，那么为什么会有这些建筑呢？是因为大连曾经被日本和沙俄占领，那这就要提到我们本堂课的内容：甲午战争和三国干涉还辽。

新课改以来，中学历史教学实践活动中出现一些新问题，主要表现为学生对历史学习兴趣的缺乏。从美学领域来看，兴趣"多指审美主体为审美对象所激发的情兴意味"。从心理学领域来看，"兴趣是一个人对客体的选择性态度，是在需要的基础上形成的，需要有生理方面的和心理方面的，当需要得到满足时，就产生快乐的情绪，这种选择性态度，就是兴趣"。从教育学的角度来看，有学者称"凡教育是因学而教，并非因教而学。就是讲因为学生需要学习而产生老师的教育教学活动，教育是学习的产物。学生学习兴趣的培养是一切教育成功的基础"。同时，兴趣也是学生学习的根本动力。两千多年前，中国教育家孔子说过："知之者不如好之者，好之者不如乐之者。"其中所说的好之者、乐之者即求知欲旺盛，对学习充满热情的人。国内外学者都十分重视培养学生的学习兴趣。中学生对于历史的学习兴趣相对缺乏，具体表现在以下几个方面。

首先，表现为历史基础知识相对薄弱，许多学生对历史上比较著名的历史事件的认知处于模糊状态。例如，在讲授北京师范大学出版社出版的高中历史必修一第九课《中华民族的抗日战争》时，一些学生竟然不知道南京大屠杀的具体时间，还有的学生回答说以前背诵过，现在忘了。1937年12月13日，这不应当仅仅是一个历史时间，这一天是国家的耻辱，是同胞受苦受难的日子，这本应是学生牢记于心的日子。如果学习历史仅仅是让学生背诵知识点的话，那么这样的记忆不仅不会长久，更不会提高学生整体素质和社会责任意识，毕竟历史是一个民族的灵魂。

其次，表现为对历史事件和历史人物缺乏好奇心，进而缺乏学习历史的欲望。历史知识纵横古今，趣味性相当强。可是为什么学生对历史课不感兴趣呢？是因为学生对历史的重要地位认识不足，缺乏学习历史的欲望，学习目的过于简单化、功利化，认为历史能够背诵就可以了，其他的无所谓。好奇心是产生求知欲的基础，也是产生学习兴趣的先导。一个充满好奇心的学习者，就会经常以好奇的眼光去窥探世界，以不熟悉的姿态去观察熟悉的事物，喜欢多问几个为什么，而不满足于一知半解。此问题在此之前已经引起教育部门的关注，因此可以看到历史教材的编写者在编写教材的过程中增加了许多富有趣味性的模块。以北师大版高中历史教材为例，在每个单元或每章开头都列有探究提示，引导学生带着这些问题进行具体的学习和探究过程；正文部分穿插资料浏览、连接阅读、要点回顾、学术窗口、探究与思考等栏目；课文中间还穿插相关的历史图片、地图、图表等，以便进一步的激发学生的学习兴趣。但教材编写者的苦心仍难以激发学生对历史事件和历史人物的好奇心，学生学习历史的欲望相对不足。

二、学习方法不当

美国教育心理学家杰罗姆·布鲁纳（Jerome Bruner）曾阐明获得知识与技能的最佳途径的规则，他认为，如果学生理解了学科的基本结构，就容易掌握整个学科的具体内容，容易记忆，促进学习迁移，提高学习兴趣，并可促进儿童智力和创造力的发展。而学科基本结构，是指学科的基本概念、基本原理、基本态度和方法。而具体到历史这一学科来说，就是历史分析和概括能力。学习历史不能只靠死记硬背，那样不仅效率低，而且只是一种短时记忆，并不牢固，所以学习历史要掌握一定的方法，此方法其实就是一种思维习惯，遇到一个历史事件，该从什么样的角度去思考和分析，对学生来说是更为重要的。然而，不同的方法要用在合适的知识点上，才能起到事半功倍的效果。例如，对于任何一个历史事件，我们一般都要从背景、原因、趋势、评价、意义上去分析，背景既可以从国际和国内两方面去分析，也可以从政治、经济、文化三大方面去概括；原因要从主观和客观两方面去分析，而一般主观原因都是事件发展的根本原因；趋势要表现出从……到……的变化；评价要从积极和局限两方面去分析，学会一分为二地看问题；意义要从对自身和对世界去分析。所以对于不同的内容要采用不同的方法，对于不同的事件也要从不同的角度去分析，具体问题具体分析，这样才能够提高学习效果。

三、学生历史课外知识获取面过于狭窄

历史是一门包罗万象的学科，历史知识也是浩如烟海，涉及古今中外的政治、经济、文化等方方面面。由于教材的容量有限，对许多历史事件的讲解也只能是点到为止。课外阅读是学生历史知识的重要来源之一。但是有些中学学生的课外

阅读量少，尤其是农村的学生，家庭条件较差，也没有良好的阅读习惯。美国教育学家布鲁纳认为学校不是灌输知识的场所，而是培养学生学习求知习惯的地方。图书馆是学生接触知识的重要媒介，所以在教学活动中，教师应该鼓励学生使用图书馆资源，但是，我国一些学校尤其是农村学校，教学设备比较落后，没有自己的图书馆或者资料室，历史教学活动中经常使用的挂图也都罕见。即使有图书资料室，也仅仅只是应付上面检查，很少对学生开放。虽然随着信息时代的到来，信息化的手段也投入教学活动中，但是学生利用网络来获取知识、资料的机会还是很少，学生的课外知识储备较欠缺。

此外，为了提高升学率，学生大部分的时间都被教学占领了，学生每天的课程表都是满的，基本没有空余的时间。只有早读和最晚的那节课是学生可以自由支配的，但是早读有时都会被老师"剥夺"，用来上课，至于最晚的那节课，更是抢手，早早地都被"正课"教师占用了，学生的作业都是在他们所认为的"副科"的课堂上完成的，何谈课外阅读，繁重的课业挤占了学生的阅读时间。学生是整个教学活动的主体，没有学生的主动参与、积极配合，教学质量的提高、素质教育就是"纸上谈兵"，因此，改变学生对于历史教学的态度，拓展学生的知识获取渠道，提高学生对历史的兴趣至关重要。

四、学生主体认识的偏差

我们现在的历史课的教学方法仍然以讲述法为主，教师讲课的时候，学生拿着笔从头到尾记下来，然后死记硬背，应付考试。学生不主动向老师提出问题，老师也不了解学生到底掌握得如何，师生很少交流学习心得。这种死气沉沉的学习环境非常不利于学生"问题意识"的培养。学生的主体地位不断弱化，只是被动地学习，很难发觉教师给出的答案会有什么不对，也很难发现新的问题。教师也忽视了"磨刀不误砍柴工"的道理，没有重点培养学生自主学习、合作探究、发现问题的意识，最后导致学生"问题意识"的弱化。有些学生总是认为教材是唯一的标准，绝对不会出现错误，对于教材中不理解的内容，认为只要能记下来，考试的时候照搬书本上的答案就可以了。从这个角度来看，教材也成了限制学生自由发展的桎梏。现在，只有很少一部分学生能够主动提出问题，提出问题最多的反而是老师。一般情况下，在学习中遇到问题的应该是学生，自然也应该是学生提出问题，然而事实却并不是这样的。在历史教学过程中，教师问、学生答似乎已经成为定式，学生只需要根据教师的提问被动作答即可。那些内向和不自信的学生在学习中产生疑问时，很少会向老师主动提出自己的疑问，而是把问题搁置一旁。在课堂上学生没有提问的时间，课余时间学生更是很少向老师表达学习中的困惑。还有学生害怕老师嫌弃自己提出的问题过于简单，或者害怕同学嘲笑而不敢提问，忽略了自身的学习主体地位。

五、学生能力不足

（一）知识储备量少，制约学生"问题意识"的形成

只有学生的知识储备达到一定的水平，才可能会对所学内容产生不同的看法。当学生对所学内容提出疑问的时候，教师才能根据学生对知识的理解程度和学生的思考方式，进行有针对性的教育引导。如果学生的知识面狭窄，独立思考的能力较差，要形成"问题意识"和创新能力就会比较困难。只有学生具备独立发现问题的能力，才有可能进一步提出质疑，大胆探究，提出有价值的问题。当学生的知识储备足够时，就会影响学生解决问题的能力和方式，并且还会间接促使学生提出更有价值的问题。只有认真剖析、理解史实，才能灵活运用，学生在思考问题的时候才不会被限制思维。学生的知识储备不足，就很难理清历史知识间的逻辑关系，当遇到新的难题时，也无法系统应用学过的知识将其分解细化、个个突破。也有学生平时忽略自主学习能力的培养，缺乏系统理解分析问题的能力，影响了其综合素质的发展。这也是导致学生缺乏"问题意识"的重要因素。

（二）思维能力弱，限制学生"问题意识"的发展

学生理解分析能力差，反过来也会影响学生"问题意识"的发展。思维能力不强会制约学生的质疑能力，影响学生提出问题和解决问题的能力；思维能力强的学生就能够主动灵活地运用已学知识分析遇到的新问题。历史教师应该运用多种手段和方法，增强学生自主学习、合作探究的意识，在学习过程中提高学生的思维能力。目前历史课程还普遍围绕升学考试进行，因此，无论教师教还是学生学，都把升学考试作为第一目的。考试怎样考，教师便怎样教，由于考试压力大，学业负担沉重，很多学生便被动地接受，凡事都等待教师安排。这些学生往往过于依赖教师，逐渐形成以教师为中心的学习习惯，自然也就丧失了学习主体地位。

六、缺乏问题定义的经验

在教学活动中，有一部分学生不愿意主动动脑思考问题，只会接受教师给出的答案。这部分学生认为教师具有绝对的权威，不敢对教师提出怀疑。教师负责讲，他们只负责提取重要的知识进行识记，这似乎成为一条流水线作业。因此，

很多学生对历史的学习仅仅停留在熟记知识点、机械地背诵大事年表这个层面上，这就与历史教育的初衷相违背。在任何情况下，存在问题都是正常现象。然而，很多学生却无法做到有问题、提问题。学生的问题意识淡薄、问题定义的经验不足成为中学教育中无法忽视的弊端。无法提出问题的学生难以形成活跃的思维，其发现精神和创新精神也就难以得到培养。一节有效的历史课堂并不是以消灭问题为目的，在课堂教学结束后又有新问题产生才是一节课任务的达成。学生在发现问题并完整表述问题的过程中，其认知能力和独立思考的能力会得到提高，有利于形成创造性思维。

七、习惯于辐合性思维

辐合性思维又称聚合性思维，是指在解决问题的过程中，将各种信息聚集起来从而得到一个答案的思维方式。与辐合性思维相对应的是辐射性思维，这是一种创造性思维，是指从多种角度、多种方向、多种途径寻求解决问题的方法的思维方式。由于现行教学评价方式存在一定的弊端，学生在面对问题时，一味地寻求正确答案和标准答案，习惯于辐合性思维方式，缺乏对问题的多层次思考。由此，学生在面对流行性和权威性的历史学说时，不能一味地接受和信奉，而要持有怀疑和批判的态度，拒绝按图索骥和照章办事。

第三节　课堂层面

一、课堂创新性和历史科学性难以统一

科学性是中学历史教学的一个非常重要的原则，要求教师还原历史真相，尊重历史。但在实际教学中，教师为了提高学生的兴趣，容易忽略历史的科学性，造成课堂创新性、趣味性和历史的科学性难以统一的局面，主要表现在教师在评析历史人物、历史现象、历史问题时，未能从历史的真相出发，往往带有一些个人的感情，站在个人的角度分析问题，这都不利于学生对历史知识的掌握，以及正确的世界观、价值观的养成。还有的教师在选择历史课程资源和历史素材时，往往为了趣味性，既不查阅相关的资料，也不核实史实，就对历史材料和历史事件进行利用甚至加工，忽视了历史的真实性，严重地违背了历史教学的科学性和严肃性的原则。还有一些教师在历史课上讲解小说、影视故事、话剧，而现在很多影视作品为了收视率对真实历史的还原呈现力不够。教师讲得天花乱坠，学生

听得津津有味，但是史实却变成了虚构，将历史弄得面目全非。在课堂语言的选择中，一些教师过分注重语言的生动华丽，而忽视用词的准确性。例如，宫廷里侍候皇帝和皇帝家属的人，由阉割后的男子充任，这种人明以前叫"宦官"，明以后叫"太监"。教师往往不注意这种特定的称谓，随意使用。又如，教师在讲到汉朝政治制度时，介绍汉高祖刘邦在秦朝时曾在沛县当过亭长，说亭长就相当于我们现在的乡长、村主任。这样讲述虽然引起了学生的兴趣，但却严重违背了历史科学性的原则，因为亭长主要负责在交通要道上追捕盗贼等工作。这都不利于学生正确了解历史，感受历史。

二、课堂提问技艺不足

课堂提问作为一种非常重要的手段，能够帮助学生提高历史语言表达和历史思维能力。研究也表明大脑更善于接受的并不是答案，而是问题。教师的提问技艺非常影响一节历史课的质量。根据调查报告所反映的情况，课堂提问技艺主要涉及以下几个问题。

（一）提问对象有偏颇

虽然整个教育界一直在呼吁，要求教师公平对待每个学生，但是学生没有受到公平对待这个问题在各个中学、各个学科始终存在。有很多学生一周回答课堂问题的次数为 0，为什么很多学生从来没有被提问过呢？不难发现很多教师在上课提问时普遍喜欢提问课堂表现活跃的同学，对那些课堂表现并不活跃的同学缺乏关注。大多数教学论著把面向全体学生提问作为课堂提问时需要注意的事项，然而在实际操作中，当教师对一个班级熟悉之后会不自觉地喜欢点那些容易回答出问题和活跃的同学来回答问题，殊不知有些同学会因为长期得不到教师的关注而对一门课程产生一些不好的想法。

（二）问题难易度把控失当

《中学历史教学法》一书中明确提出了中学历史教师课堂提问的原则，其中第五条要求"问题难度适中"。许多同学认为回答不出教师的课堂提问是问题太难的原因，那么到底是什么让学生觉得问题太难呢？原因在于有些中学教师擅长将史料运用于教学中，但是没有向学生传授过解读分析史料的方法，针对史料所提的问题不一定都在学生的知识范围内。如果要大量运用史料教学必须对学生的史料阅读能力进行训练，忽视这个问题会导致学生觉得问题太难，无从下手，久而久之容易造成学生不去思考历史课堂问题等后果。

三、课堂精彩度和应试实用性难以结合

当前历史课堂中，多媒体成为组织教学必不可少的工具，通过放映历史图片、纪录片、历史剧等一些材料，学生可以更真切地感受历史。但一些教师的课件过于华丽，教学活动受控于多媒体课件，学生会被五彩缤纷的课件分散过多的注意力，整堂课更像是一场多媒体课件展示课，这违背了历史教学的初衷。一些教师过度使用视频、音频，却忽视了对课本知识点的把握。为了增强课堂趣味性，史料堆积如山而缺乏筛选和舍弃，学生眼花缭乱。但看完材料后，却没有教师引导、学生静思和探究的过程，没有个别同学展示的过程，材料的展示没有针对性和指向性。例如，一位年轻教师讲到资本主义世界经济危机时，展示了一段胡佛在竞选总统时向美国民众保证的"美丽预言"的视频资料，但在播放资料后，却没有对学生进行引导，提出探究问题，只是寥寥数语便过渡到下一问题，没有让学生独立思考和交流合作，只是为了展示材料而展示。还有一些教师为了趣味性，抛弃教材，补充过多不必要的课外材料，甚至从学生兴趣出发，生动的故事情节多讲，反之便少讲甚至不讲，这样整节课下来，学生的基础知识没有夯实，却盲目加大了课的容量，影响课时进度，降低了教学的效率。好奇心只是兴趣的出发点，教师只有将学生的好奇心引导到教学要求上来，才能真正激发学生的求知欲。

在教学方法上，我们会发现一些教师一味地在形式上推陈出新，运用情景设置、小组讨论、角色扮演等方法，在课堂教学中设置大量的学生活动，追求热烈的课堂氛围。这改变了过去历史教学中课堂气氛沉闷的现象。但在开展学生活动时，教师或是能力不够，或是没有真正理解此类教学模式的初衷，抛弃了兴趣教学的最终意图，过分注重形式，活动内容脱离教学轨道，没有和教学内容相结合；抑或活动内容结合了教学内容，但却忽视了学生的思维，在活动结束后，教师也没有给予详细的点评，对教材也没有深度挖掘和纵向联系，使得多样的教学方法和手段流于形式。最典型的例子就是一些"虚假"的公开课，课下学生排演多次，为了形式而进行，忽视了历史教学最实质的内容在于学生得到了什么。在活动课的控制程度上，很多教师会因为活动前准备不足，或对活动的氛围和发展情况预期失误，无力控制课堂气氛。例如，有些教师在讲到《美国联邦政府的建立》这一课时，让学生分别代表记者团、国会、总统以及最高法院大法官。教师设计问题，代表记者的学生分别向国会两院议长、总统、最高法院大法官进行提问，其他学生作为后援团补充。但是在活动内容的设计上，偏离了教材，并没有将此课重点内容——总统、国会、法院如何相互制约等问题设计出来。同时由于班上同学性

格活泼，气氛非常活跃，再加上别的同学总会进行辩论，结果活动进行的时间较长，从而没有完成教学任务，耽误了课时进度。此类教学模式如果这样展开的话，学生非但不会掌握基础知识，还会盲目加大课时容量，耽误课时进程。也有的教师在活动开展的过程中，偏离了主题，也不益于全面落实教学目标。这虽然能暂时引起学生的注意，但学生能学到的知识很少，不利于学生的进步和成绩的提高。

四、教学方式单一

在传统的历史课堂中，大多数学生都在一定程度上对教材和教师有依赖心理，因此多年来对教师"满堂灌"的教学方式并无异议。在实行素质教育的今天，这种单一的教学方法严重制约了学生发现问题、解决问题的能力的提高。在这种教学环境下，学生会对教师讲授的内容死记硬背，缺少学习体验的过程，学生记住的更多的是现成的结论。在这种教师"教书"、学生"背书"的单一模式下，学生很容易对历史课程失去兴趣，上课没有积极性，缺乏学习动力，对教师提出的要求敷衍了事，进而抑制"问题意识"的形成。目前历史教学都是封闭式的教学，极少会有学校为了一堂历史课组织学生去参观历史博物馆或纪念馆，让学生实地观察感受历史。学生不能身临其境，就很难将学到的课本知识和实践经验联系到一起，这就大大减少了学生发现问题、提出疑问、发展创新的机会。教师往往只注重对历史知识的传授，强调每个历史专题、每个朝代、每个国家发生的历史事件，或者帮助学生总结这些事件具有什么意义，却很少强调历史知识的系统性和完整性。即便有些教师会在课堂上帮助学生系统梳理历史知识，总结重点问题，但是，由于班级学生水平参差不齐，效果不是十分理想。告诉学生解决问题的方法，不如教给学生解决问题的思路。教师帮助学生梳理一两次的知识并不能起到一劳永逸的效果，需要运用多种适合学生的教学方法，有意识地引导学生自主学习、合作探究、总结反思，并在学习的过程中大胆质疑，使学生对问题的理解更清晰、更透彻。

课堂教学方法单一会导致学生对历史课程失去兴趣，学生对不感兴趣的事物是很难集中注意力的。在这样的课堂环境和教学氛围下，学生害怕被老师提问。让学生主动回答问题已经十分困难，更不必说让学生主动提出问题了。课堂氛围的好坏能直接影响教学效果，靠学生改变这种课堂氛围是很困难的，这就需要借助客观条件来改变这种状况。影响课堂教学氛围的三种主要因素是教师的调节、学生的学习情绪和思维状态、教学内容的情感基调。当学生无法完成自身学习态度的转变时，就需要教师的帮助和引导，如果教师能够成功激发学生的学习兴趣，将会提高教学效果。课堂应该是教师与学生、学生与学生思想发生碰撞，各自阐述观点的地方，而不应该成为教师传递知识给学生、学生死记硬背的地方。原本应该生机勃勃的课堂，不应该变成教师的一言堂，也不应该只是学生被动接受教师语言信号的地方。这样下去，学生将会逐渐失去独立思考问题和判断对错的能力，学生的学习能力也会变得越来越弱，学生的创造性也会被扼杀，逐渐变得呆板顽固、僵化且故步自封。

五、教学内容存在缺陷

历史教材只注重结论，而缺少对具体史实的描写；内容有浓郁的政治色彩，缺少人文精神；对历史人物的描写过于片面、简单、枯燥和抽象。我们应该加强历史人物的教学，因为学习伟大人物的高尚的品德情操，可以使学生的人格慢慢地定型，最终形成健全的人格。人与人之间心灵相通，历史人物的心灵之光穿越时光的阻隔，教导当代的中学生，使其完善人格。而新版中学历史教材在人物编写方面存在着明显的不足，人物一般都是在选修课里提及，必修课采用专题的形式，鲜少提到历史人物。

具体来说表现为以下几点：第一，教材中出场的历史人物不断减少；第二，对已出现的历史人物的描写过于简单抽象；第三，教材中特别缺乏对反面人物和普通人物的描写。而历史人物的生平事迹、对历史事件的影响和对其的评价正是吸引学生的关键所在。在现行历史教材中，历史人物多集中在选修教材中，必修课很少提及，即使提到也是一笔带过，缺乏完整性。教材中很少有对正面人物的生动描写，更缺乏对反面人物的刻画。历史人物成为历史事件的一个陪衬因素，只注重事件的原因和影响，忽视人物作为事件主体的关键作用。例如，在鸦片战争中，许多爱国英雄如葛云飞、关天培等人的名字都不再出现了，提到林则徐也只是知道他是禁烟的民族英雄，因为缺乏对人物的刻画描写，历史教学促使学生形成完美人格的作用也逐渐失去了应有的重要地位。丰富的人格培育素材没有起到应有的作用。

第三章　中学历史课堂教学设计理论与实践

历史是一面镜子，学好历史可以更好地为现实服务，要想上好一堂历史课，优秀的教学设计是必不可少的，因此，我们有必要了解相关的中学历史课堂教学设计理论，以促进中学历史课堂的高质量发展。本章分为教学设计及其理论、中学历史课堂教学设计要素、中学历史课堂教学设计的操作要求三个部分。

第一节　教学设计及其理论

一、教学设计相关概念界定

长期以来，人们倾向于从多种角度对教学设计的概念进行界定，归纳起来具有以下几种界定角度。

（一）从教学角度进行概念界定

持有这种看法的学者认为，教学设计是教学实践的早期准备和基本环节之一，主要是运用相应的教学策略实现预期的教学目标，比较典型的有美国学者史密斯（P. L. Smith）和雷根（T. J. Ragan）。他们认为："教学设计这一术语，指的是把学习与教学原理转化成对于教学材料、活动、信息资源和评价的规划这一系统的、反思性的过程。"北京师范大学教育技术学院教授何克抗认为："教学设计主要是运用系统方法，将学习理论与教学理论的原理转换成对教学目标、教学内容、教学方法和教学策略、教学评价等环节进行具体计划、创设教与学的系统过程或程序。"因此，可以说，教学设计是运用学习理论和教学理论的有关原理和方法解决教学实际问题的创造性活动。

（二）从系统角度进行界定

持有这种看法的学者认为，教学设计是对教学活动进行系统计划或规划的过程，强调系统化思想，提倡采用系统化方法设计教学。加涅（Gagne）提出"教学是以促进学习的方式影响学习者的一系列事件"，而教学设计是"计划教学系统的系统过程"。东京学芸大学等高校任客座研究员乌美娜教授认为"教学设计是运用系统方法来研究教学问题和确定教学目标，寻找解决教学问题的策略方案、试行解决方案、评价试行结果和对方案进行修改的过程"。目前，国内广泛认可这种角度的定义。

（三）从设计角度进行界定

持这种看法的学者认为，教学设计是一门设计科学，坚持教学设计的设计学特征。比较典型的是帕顿（Paten）给出的定义："教学设计是设计科学大家庭的一员，设计科学各成员的共同特征是用科学原理及应用来满足人的需要。因此，教学设计是对学业业绩问题的解决措施进行策划的过程。"他将教学设计纳入设计科学的范围，认为教学设计应结合学与教的原理去安排教学资源和教学活动，从而有效地解决教学中出现的各类问题。

从以上陈述可以看出，教学设计是一个多维概念。在此基础上，可以进一步理解为教学设计是运用系统的方法，将学习理论和教学理论的原理转换成对教学基本环节进行具体设计的系统化过程。特别要强调的是，教学设计与建筑设计、服装设计等专业一样具有很强的专业性，是科学性与艺术性的统一。

教学设计有别于教学论，是比教学论更低一级的学科。教学论侧重于研究教学的本质与一般规律，而教学设计则是对教学的基本环节进行具体设计与计划的应用性学科。

教学设计与传统教案有着明显的区别。传统教案是经验科学的产物，其编写程序与教学设计的基本原理是不搭界的，教学设计则体现了充分的专业性。具体表现在以下几个方面。

从课程观来看，传统教案是教学大纲的忠实执行者，执行教学大纲是刚性的要求。新课程理念下，课程标准是弹性的。课程标准的核心是课程目标，课程标准对教学内容、教学实施、教学评价以及教科书的编写只做出指导和建议。因此，教学设计是围绕课程目标对课程进行创造性开发的过程。

从教材观来看，在传说的历史教学模式中，研究教材是教师的必修课，倡导的是"吃透教材"。在新课程理念下，教材只是教学设计的重要课程资源之一，倡导的是"用教材教"而不是"教教材"，教师对教材的依附性情况得到了根本性的改变。

从知识与教学观来看，传统教学模式强调知识是客观的，是可以传递给学生的。新课程理念遵循西方认知心理学的思路，认为知识不是纯客观的，是学生与外在环境在交互过程中建构起来的。所以，传统教学以教师为中心，注重课程的传递和执行，是教学生学的过程，新课程理念下的教学是课程创造和开发、师生交往、积极互动、共同发展的过程。

从学生观来看，传统教学模式认为学生是接受知识的容器，而新课程理念认为学生是具有生命意识、社会意识、潜力和独立人格的人。所以，传统教案以教师为中心，教学设计强调一切以学生为中心和根本出发点。

教学实录也不同于教学设计。教学设计是静态的，教学实录是动态的；教学设计是预设性的，教学实录则具有生成性。教学实录有可能是传统教学思想指导下的教学活动，也有可能是新课程理念下教学设计的文字再现。因此，教学实录的概念是模糊的，很难说贯彻了新课程教学理念。所以，自中学新课程改革以来，《历史教学》《中学历史教学参考》等刊物陆续将刊发的"历史教学实录"易名为"历史教学设计"。

从教学设计实施的空间范围来看，教学设计可分为教室内教学设计、图书馆内教学设计、室外考察的教学设计。从教学设计实施的时间范围来看，教学设计可以分为课时教学设计、单元教学设计、学期教学设计、起始年级教学设计、毕业班教学设计等。从教学设计实施的对象来看，教学设计可分为班级集体教学设计、班级小组教学设计、个别化教学设计。但是，从中学历史教学的现状和需求来说，我们所说的教学设计主要是指起始年级以班级集体为对象的教室内教学设计，这是中学历史教学的起点和重点。

二、教学设计的原则

以上我们厘清了教学设计的概念，认为它是将教学活动各要素系统化的过程。教师在教学活动中要成为引导者、研究者、创新者，要把学生看作教学活动的主体，把教材作为教学资源的重要部分在教学活动中加以整合。新教学理念下的教师观、学生观、教材观等为教学设计的有效性探索提供了依据。教学设计本为舶来品，要想真正符合我国的国情，必须与我们的基础教育改革相吻合，基于此，结合新课改下的教育理念，教学设计应遵循以下原则。

（一）根据教学设计理论进行教学设计

教学设计要研究教学目标和教学决策，依据四大基础理论，因为学习理论可以使教学设计符合学习规律；教学理论使教学设计遵循和应用教学客观规律，解决具体的教学问题；系统理论为教学设计提供科学的研究方法；传播理论为教学设计指明教学应遵循的科学模式及其要素的动态关系。教师在教学资源、时间、空间等条件的限制下，依据以上理论，做出适当的教学设计，才能提高课堂的有效性，培养学生的历史思维能力，促进学生全面成长。

（二）根据学生的发展需求进行教学设计

现代教学，本质上是由教师组织学生进行有目的、有计划的学习的活动过程。长期以来，我们的教学设计存在以教师为主、忽视学生的现象。教师的智慧在于能充分挖掘学生的潜能，教学设计充分体现学生的主体性，尽量从学生的角度出发，围绕学生现有的知识能力层次、智力发展水平、认知心理特点等做出符合学生发展需求的教学设计。学习是个人已有知识在新的学习情境下发生改变的过程。教师要对学生现有知识能力有一定的认识，并在此基础上设计教学情境，采取的教学策略、方式才具有针对性；依据学生的智力发展水平、认知心理特点进行教学设计，要研究学生理解各种现象、获取知识的能力、方式、特点，依此确定学生的兴趣点在哪里、确定学生参与教学的条件，保证教学的效率。教学设计不仅要考虑知识技能的获得，更要考虑学生的发展点，从而确定三维教学目标，提升学生的情感态度与价值观。

（三）根据教学活动过程中各构成要素的整合要求进行教学设计

教学设计是将教学活动各要素系统化的过程。教学活动包括对教学目标和教学对象的分析、对教学内容的整合、确定教学重难点、选择适当的教学方法，铺陈教学情境后要确保教学过程的有效性，还要建立反馈机制，反馈学生的学习状况，通过不同手段予以矫正和补救，实现教学目标。将教学活动各要素系统化的过程，则是教学设计立足于整体，将既相对独立，又相互依存、相互制约的各要素协调于整个教学系统中的过程，教师从实际出发有机整合每课时的要素，做出有效的教学设计。

教师要理解这些原则，并且将它们应用于实践，理论与实践结合进行教学设计。

三、教学设计的理论基础

（一）建构主义理论

建构主义是以皮亚杰（Piaget）、维果茨基（Vygotsky）等人的思想发展而来的一种新的认知理论。建构主义的基本观点是："知识不是学习者从教师那里直接获得的，而是学习者在一定的学习情境中，借助其他人（主要包括教师和学习伙伴）的帮助，利用必要的学习资料，依托一定的学习资源和教学媒体，通过意义建构的方式获得的。"鉴于教师和学生的地位和作用的巨大转变，以往传统的教学模式就面临着被革新的命运，传统的"填鸭式"教学也就面临着被淘汰的命运。在建构主义的指导下，逐渐形成了新的学习观、教学观和知识观。

1. 建构主义的学习观

在建构主义视域下，人的认识的本质是主体的"构造"过程，所有的知识都是学习主体认识活动的结果，学习主体借助自身已有的知识经验来构造自己新的理解。学习不再是学习者简单被动地接收信息，而是学习者主动地去进行知识意义的建构，而且，这种建构是无法由他人代替的，只能由学习者自己来完成。学习过程也不再是信息输入、存储和提取的过程，而是学习者新旧知识经验之间双向的、相互作用的过程，也就是学习者与学习环境之间进行互动的过程。因此，教师需要创设出合适的学习环境，也就是建构主义强调的"情境"，让学生在一定的情境下加深对知识的理解。

2. 建构主义的教学观

在建构主义视域下，教学是一种培养学生主体性的活动。教师作为学生学习的帮助者和促进者，应该充分利用各种教育教学理论和各类教学资源，激发出学生学习的自觉性、主动性和创造性，尽一切可能让学生在知识意义建构的过程中不断增强自身的创造力。因此，教师需要牢固树立以学生为主体的理念，结合学生的特征为学生进行历史知识的学习和意义的建构创设出恰当的情境。教师需要利用各种各样的学习资源，为学生的学习选择出合适的学习材料，并在学生学习的过程中提供必要的引导和帮助，让学生在轻松愉悦的氛围中实现知识意义的建构。

3. 建构主义的知识观

在建构主义视域下，知识是主观的，是学生依据知识经验背景的社会建构，还会随着人类社会的进步不断发生、发展和变化，甚至产生颠覆性的变化。因此，教师需要在充分考虑学情的基础上为学生创设恰当的情境，以便学生在自身已有的知识经验的基础上，在恰当的情境内进行知识意义的建构。对于中学历史而言，教师需要结合学情选择适合学生学习的材料，并在学生学习的过程中进行适当的帮助和引导，使学生能够客观地去看待历史事物。同时，教师也要引导学生认识到随着历史研究的不断深入，人们对于历史事物的认识也会不断深化，因此，知识也需要不断更新。

（二）教育目标分类理论

美国心理学家布鲁姆（Bloom）从知识和学生的认知过程两个维度对教学目标进行了分类。知识维度指的是学生学习的有关资源，包括事实、概念、程序和反省性知识。学生的认知过程是学生的行为类型，包括记忆、理解、应用、分析、评价和创造。"记忆"是指学生对知识的识记，主要涉及具体知识和抽象知识的辨认；"理解"是指学生对事物的初步领会，学生从教学信息中建构意义；"应用"是指学生正确地运用抽象概念分析相应的现象；"分析"是指学生把理论分解为要素，并详细说明各要素之间的关系；"评价"是指学生综合运用内在与外在的资料，作出符合客观事实的推断；"创造"是指学生能够将要素组织成新的模式。知识维度和学生的认知过程维度都是按照认知发展水平从低级到高级排列的。知识维度中的事实、概念、程序和反省性知识，难度依次递增，认知过程的记忆、理解、应用、分析、评价和创造的难度也在依次递增，如表 3-1 所示。

表 3-1　布鲁姆认知领域分类

知识类别	认知过程类别					
	记忆	理解	应用	分析	评价	创造
A. 事实性知识						
B. 概念性知识						
C. 程序性知识						
D. 反省性知识						

布鲁姆的教育目标分类是针对课程目标而言的，对教学目标设计有着重要的指导意义：①教育目标分类理论从目标水平和目标行为上为教师提供了一个二维参考框架。在一个维度上规定了各目标应达到的水平，另一个维度上界定了各目标水平应表现出的行为，使教师在设计教学目标时能全面、快速而准确地确定各目标水平与相应的行为。②为科学测量和评价教学结果提供了依据。

（三）传播理论

传播就是通过一定的媒介将信息从一个地方传递到另一个地方的过程，传播学的创始人施拉姆（Schramm）是传播学的集大成者，被誉为"传播学之父"，其代表作《大众传播学》的出版，标志着传播学的诞生。其中，对教学设计产生重大影响的传播理论是传播学者拉斯韦尔（Lasswell）所提出的"5w"模式。这一模式主要包括五大要素：谁，说什么，通过什么渠道，对谁说，产生什么效果。教学活动实际上就是信息传播的过程，这里的"谁"就是指教师，"说什么"就是指教学内容，"通过什么渠道"就是指教学媒体，"对谁说"的主要对象就是学生，"产生什么效果"就是指教学评价。教学过程实际就是信息传播的过程，那么如何才能使信息完整准确地传给接受者呢？这就要求我们认真学习和掌握传播学的相关理论，并合理运用到教学设计中，分析教学内容和学生实际水平，选择适当的教学媒体，从而准确、有效地将知识传达给学生。

信息由信息发送者进行传播，那么信息便包含了发送者的知识、能力、经验和态度，由于接受者的水平不同，所以发送的信息并不能被所有的接受者接收，这就要求信息发送者对信息进行编码后再发送出去。在这里需要强调的是影响信号接收的因素主要包括信号的形式和信号的结构，那些有序的、特征明显的、相互联系的信息容易被提取和记忆，而那些无序的、缺乏结构的信息则不易被接受和记忆。在教学活动中，教师是信息的发送者，学生是信息的接受者，这就提醒教师在进行教学设计时要考虑是不是把所有的信息都传播给学生了、如何根据信息的特点来选择传播媒体、传播内容是否能让学生接受等问题，从而在组织教学内容时，合理地安排教学内容，对教学内容进行科学的分析和整理，方便学生学习和掌握知识。有效传播除了要提高信息的质量外，还要通过反馈途径来了解信息传播的效果，以便调整发送出去的信息。具体应用到教学设计中便是教师对教学效果的评价，教师通过汇集学生在课堂和课后的反馈信息，及时调整信息的编排方式和难易程度，从而使课堂保持积极的状态。因此，教学设计必然借鉴和运用传播理论。

（四）教学过程最优化理论

苏联教育家巴班斯基（Babanski）的教学过程最优化理论，是指在全面考虑教学规律、原则、现代教学形式和方法的前提下，以及考虑教学系统的特征及其内外部条件的基础上，教师有目的地选定一种建立教学过程的最佳方案，使之能保证在规定的时间内完成教学的任务，并尽可能取得最大的效果。教学过程最优化并非某种特别的教学方法或方式，而是教师在遵循教学规律和原则的基础上，有针对性地安排教学教育过程，自觉地、有科学依据地（而不是自发地、偶然地）选择最佳的教学方案，使每个学生的学习潜力得到最大限度的发挥，使教育教学达到最好的效果。教学过程最优化理论主要立足于如何提高教育教学的效率，努力做到付出最小的代价来取得相对最好的教育教学效果。

巴班斯基不仅提出了教学过程最优化理论，而且把这一理论应用于教学实践，形成了一套行之有效的教学程序。这个程序共有四个基本环节：合理设计教学任务，选择最合理的解决教学任务的方案，实施所选择的教学方案，评价教学效果和分析所花费的时间、精力和费用。在此基础上，巴班斯基又将教学划分成六个基本环节：①了解教学的社会目的和任务，并在研究学生实际情况的基础上使目的和任务具体化；②使内容具体化；③规划教学手段，优化教学形式和方法，制定计划；④计划的执行，这是中心环节；⑤日常检查和自我检查，适当调整进程；⑥效果分析，查明尚未解决的问题，为下一轮教学提供参考。这个教学程序的突出特点是把备课阶段（前三个环节）列入教学过程，而且把教与学统一起来。教学内容是教学系统的重要组成部分。巴班斯基提出并详细阐释了教学内容最优化的几条准则：①教学内容的完整性准则，②教学内容各组成部分的科学价值和实践价值准则，③符合学生年龄的可能性准则，④符合该材料规定的时数准则，⑤内容必须符合当前学校现有的教学方法和教学设施的准则。巴班斯基将教学方法分为三大类：组织学习认知活动的方法、激励学习认知活动的方法、检查学习认知活动效率的方法。巴班斯基的教学过程最优化理论中每个设计步骤都有完整的设计原则，对教师进行有效的教学设计具有较强的指导意义。巴班斯基的教学设计思想更加关注教学的有效性。

（五）教学设计理论

教学设计理论认为，教学设计是一个系统的过程，是运用系统的方法对教学进行设计。它的特点是整体性，即教学设计的各个环节和部分是有机地形成整体的，相互联系，缺一不可。教学设计的一般模式包括以下几个部分：首先，进行前期分析，包括学习需要分析、学习者分析和学习内容分析。学习需要分析要解决的问题包括：为什么要开展教学？教学目标是什么？开展教学目标需要具备哪些条件？学习者分析是对学习者的生理、心理、从事学习任务所具备的知识与技能进行分析。学习内容分析是指根据课程标准，确定学生需要掌握的知识与技能，即解决"教什么"的问题。教学设计的前期分析是一个非常重要的环节，是教学设计工作的基础，对教学设计之后的各个环节起到定向和指导的作用。其次，编写教学目标。在前期分析的基础之上，确定教学的一系列子目标，即单元目标和课时目标。教学目标要明确具体，具有操作性，在编写教学目标时要注意语言的使用。再次，设计教学策略。教学策略是实现教学目标的手段，能解决"如何教"的问题，包括教学顺序的安排、教学活动的设计、教学媒体的选择等。最后，进行教学评价。教学评价是对教学目标的达成程度进行评价，如果没有达成之前的教学目标，则应对之前的设计方案进行修改。教学设计理论认为教学的各个环节相互联系，教学设计的一般模式认为教学设计的前期要进行学习需要分析，这些理论对本书基于学习需要的中学历史教学设计研究具有重要的指导意义。

（六）国内主要的教学设计理论和模式

根据学习理论的发展过程，国内教学设计模式被划分为第一代教学设计、第二代教学设计和第三代教学设计。其中，第一代和第二代教学设计强调以"教"为中心，第三代教学设计强调以"学"为中心。第一代和第二代教学设计分别以行为主义学习理论和认知主义学习理论为基础，第一代教学设计强调学习的行为过程以及学习条件，并把行为目标作为教学设计的参考和检验标准。第二代教学设计重视学习者的内部认知过程和学习者的特征分析。第三代教学设计是以建构主义学习理论为基础的，提出学习要以学生为中心，学生是认知的主体，是知识意义的主动建构者，强调学习主体的积极性，重视培养学生自主探索的学习能力；强调教师对学生学习的意义建构应起到帮助和促进作用，而不是直接向学生灌输知识。何克抗教授提出的"主体—主导"模式，即以"学生为主体，教师为主导"，属于第三代教学设计模式。何克抗把与建构主义学习理论以及建构主义学习环境相适应的"主体—主导"教学模式概括为："以学生为中心，在整个教学过程中教师是组织者、指导者、帮助者和促进者，利用情境、协作、会话等学习环境要素充分发挥学生的主动性、积极性和首创精神，最终达到使学生有效地完成对当前所学知识的意义建构的目的。"在这种模式中，学生是知识意义的主动建构者；教师是教学过程的组织者、指导者，意义建构的帮助者、促进者；教材所提供的知识不再是教师传授的内容，而是学生主动建构意义的对象；媒体也不再是教师传授知识的手段、方法，而是用来创设情境、进行协作学习和会话交流，即学生主动学习、协作式探索的认知工具。这样，教师、学生、教材和媒体等四要素与传统教学相比，各自有完全不同的作用，彼此之间有完全不同的关系。

根据建构主义学习理论，学者们开发了多种的教学方法，如支架式教学，从苏联著名心理学家维果茨基的"最邻近发展区"的思想出发，提出事先要把复杂的学习任务进行分解，以便加深学习者的理解。支架式教学由以下几个环节组成：搭脚手架——围绕当前的学习主题，按"最邻近发展区"的要求建立概念框架；

进入情境——将学生引入一定的问题情境；独立探索——让学生独立探索；协作学习——进行小组协商、讨论；效果评价——对学习效果进行评价，包括学生的自我评价和学习小组对个人的学习评价。通过这种脚手架的支撑作用不断把学生的智力从一个水平提升到另一个新的更高水平。再如，抛锚式教学，这种教学方法要建立在有感染力的真实事件或真实问题的基础上。确定这类真实事件或问题被形象地比喻为"抛锚"，因为一旦这类事件或问题被确定了，整个教学内容和教学进程也就被确定了（就像轮船被固定一样）。抛锚式教学由以下几个环节组成：创设情境——使学习能在和真实事件基本一致或相似的情境中发生；确定问题——在上述情境下，选择与当前学习主题密切相关的真实性事件或问题作为学习的中心内容（让学生设想一个需要立即去解决的现实问题）；协作学习——讨论、交流，通过不同观点的交锋，补充、修正、加深每个学生对当前问题的理解；效果评价——由于抛锚式教学要求学生解决面临的现实问题，学习过程就是解决问题的过程，即由该过程可以直接反映学生的学习效果。

四、改革开放以来我国教学设计的发展历程

（一）介绍引进阶段（20世纪80年代）

20世纪80年代，改革开放的浪潮使得我国学者有了接触、了解国外教育理论和教学实践的机会，以此为契机我国学者开始广泛关注西方教学设计理论，并将这一学科引入中国。其中，1987年乌美娜教授在《外语电化教学》杂志上发表的译文《教学设计简介》被学界公认为我国第一篇专门介绍国外教学设计理论的文章，这篇文章标志着我国教学设计理论的探索和实践开始步入正轨，标志着中国教学设计实践研究的开始。这一时期教学设计理论的翻译作品陆续出现，为我国广大教师和学者打开了一扇通往国外先进教学理念和理论的大门。随后，我国学者在借鉴国外教学设计理论的基础之上，开始了自主探索教学设计的历程。这使得我国教学设计研究取得了不小的成就，展现了巨大的生命力，概括说来该阶段的成就主要体现在以下几个方面。

首先，大量译作问世。如云南省社会主义学院院长罗黎辉等翻译的布鲁姆的《教育目标分类学第一册：认知领域》，中国教育科学研究院研究员张杰夫等翻译的加涅编著的《教育技术学基础》等。这些系统介绍外国教学设计理论的著作，开阔了我国学者的视野，有利于我国学者了解国外先进的教学设计理论。

其次，我国还专门开设了教学设计课程，使得教学设计成为教育技术学研究的主干课程、重要方向。

再次，在借鉴的基础之上，我国学者还出版了许多自主研究教学设计理论的著作，如刘茂森编著的《教学设计的过程与方法》、张祖忻编著的《教学设计——基本原理与方法》、乌美娜主编的《教学设计》等。诸著作都是我国学者不断探寻教学设计真谛的卓越成就，为我国教学设计理论研究奠定了坚实的理论基础。

最后，这一时期我国还进行了许多教学设计理论指导下的教学改革实验。比如，1993年，华南师范大学主持了"多媒体组合教学设计理论和实验"项目，北京师范大学主持了联合国援助项目"北京朝阳区职业教育课程开发"，中央电教馆主持了全国教育科学"八五"规划重点科研课题"电化教育促进中小学教学优化"项目等。

这一时期，众多译作的出现使得国内学者有了接触国外先进教学设计理论的机会，揭开了我国教学设计研究的序幕，同时由于乌美娜、刘茂森、张祖忻等学者的努力，我国也走上了自主探索教学设计理论的征程。在这些学者研究基础之上进行的多项教学改革试验活动，将理论应用于实践，证明了教学设计理论的优越性，取得了不小成就，为教学设计更顺利地走进教学实践创造了条件。

总之，我国教学设计研究之所以一开始就能具有如此大的生命力，跟多媒体技术的发展、我国学者的努力以及国家对教育技术专业的重视是分不开的。

（二）缓慢发展阶段（20世纪90年代初）

20世纪90年代初期，建构主义理论的诞生冲击了我国当时的教学设计理念，学者们开始不断反思传统教学设计，探索教学设计理论的新出路。这一阶段，我国教学设计研究走进低谷期，发展缓慢，成就不高。

（三）实践应用阶段（20世纪90年代末期至今）

在实践应用阶段，我国开启了教学设计研究的新历程。20世纪90年代末由于建构主义学习理论受到国内专家学者的普遍推崇，很多学者都提出了新的教学方法、教学设计模式，使我国进入了美国建构主义学习理论指导下的教学设计研究的新阶段。比如，何克抗教授提出了学教并重的教学模式和"主导—主体"的教学设计模式，何克抗、郑永柏、华南师范大学教育信息技术学院副院长谢幼如合作编著了面向21世纪教育技术专业主干课程的《教学系统设计》，谢幼如等发起了"网络教学设计"专题学习网站，谢幼如教授承担了"全国高等教育百门精品课程教材建设计划"的立项研究。此外，很多学者还承担了教育部、中央电教馆等组织的教学研究项目，教学设计理论不断走向成熟，使得理论与实践的结合更紧密。20世纪90年代，教学设计作为一门应用学科被广泛应用于正规学校教育、电视教材的编写、远程教育以及培训等多个领域。与理论研究相伴而来的是教学设计理论在实践中的推广，在广大学者和中学教师的积极推动下，教学设计在学校教育领域也赢得了一席之地。我国中学历史学科的教学设计研究也在这一时期逐步发展起来。

教学设计的未来发展趋势主要表现为在理念层面，建构主义认识论正在取代客观主义认识论；在技术层面，信息技术的迅猛发展正在引起教学领域的深刻变革；在基础层面，教学论已不再只是教育心理学的应用学科，其研究开始置于多学科的基础之上。

该阶段我国教学设计呈现出这些特点的主要原因在于：第一，多媒体技术的迅猛发展。信息技术为教师提供了新的教学手段，使得教师展示更丰富的课程资源成为可能。同时信息技术也为学生提供了新的学习条件，使得学生多途径获取信息成为可能。所以说，教学手段的更新换代是我国教学设计飞速发展的助推器。第二，行政部门的重视。改革开放以来我国进行了多次课程改革，党和政府通过颁行新的教学大纲、课程标准，将更符合学生全面发展、终身发展的教育教学理念逐渐推行到学校教育中去，这有利于广大教师积极主动探索新的备课、上课、评课方法，为教学设计理论的推广创造了良好的氛围和条件。同时，很多以教学设计理论为指导的教育改革试验也得到了大量的资金支持，使得教学设计从理论走向实践成为可能。第三，广大学者的艰辛努力。从乌美娜教授的第一篇译文开始，我国教学设计的研究历程正式启动，随后乌教授又发表数篇文献，继续介绍教育技术和教学设计理论。在她之后，华东师范大学终身教授钟启泉、何克抗、教育心理学专家皮连生等多位学者将他们的精力花费在教学设计理论的探索研究上，为教学设计的中国化付出了辛勤的汗水。

但同时我们也要知道该时期教学设计研究还存在一些问题，主要体现在：第一，没有专门的教学设计研究机构。是否设置了专门的研究机构是判断该课程成熟与否的标志之一，但在我国只有北京师范大学正在筹划建立教学系统设计研究中心，其他高校和研究院还没有成立专门的教学设计研究机构，这说明我国的教学设计研究还不够成熟。第二，没有建立起系统的学科体系。在我国目前教学设计只是教育技术学科的主干课程，还没有自己的学科体系。第三，课程建设和学位授予方面还极不完善。在我国，各高校都没有设置教学设计的本科课程，只有部分高校设置了硕士课程，在博士阶段和博士后流动站，国内也没有培养出教学设计方向的专门人才。

第二节 中学历史课堂教学设计要素

历史教学设计是教学设计的基本原理在历史教学设计中的应用。但是，历史教学设计除了具有教学设计的一般特点外，还应该具有自身的一些特点，这些特点与历史学科的性质密切相关。历史学科的性质可以归纳为以下三点：①历史学是客观与主观的统一。我们所读的历史，尽管是基于事实的，但是严格地说，根本不是事实，只是一系列已经被人们接受的判断。所以，历史是历史学家与历史事实之间连续不断的、互相作用的过程，是现在与过去之间永无休止的对话。②历史学是事实与解释的统一。历史学家在事实面前既不是卑微的奴隶，也不是专制的暴君。历史学家与历史事实之间是一种平等的、互动的关系。历史学家工作的过程是一个不断地让事实适合解释，让解释适合事实的过程。让一方处于比另一方更重要的地位，这是不可能的。所以说，解释是历史学的血液，历史学是事实与解释的统一。③历史学是科学与艺术的统一。近代自然科学出现以后，人们开始询问科学是不是也可以促进人类对社会的了解。社会科学的概念，尤其是历史学的概念正是在这种背景下于19世纪逐渐发展起来的。也正是从这个时候起，关于历史是科学还是艺术的争论就一直不休。认为历史学既是科学又是艺术的主张尤为普遍，"历史是科学还是艺术，让我们说他既是两者，又不是两者，因为它兼有两者的成分。说它是科学，不是指历史因果的猜测，而是指在搜集与审订证据时，史学家须有科学精神。发现历史事实，方法须科学，将历史事实展示给读者，就有其艺术性"。因此，中学历史教学设计的内容极为丰富，具有显著的学科特点，不仅在促进学生个体社会化上有着其他学科难以企及的作用，而且在培育学生的证据意识和批判性思维方面更有独到之处。

从教师的可操作层面来看，历史教学设计主要包含以下五大基本要素。

一、课程标准与教学目标

（一）厘清四个概念

①课程标准：是规定某一学科的课程性质、课程目标、内容目标、实施建议的教学指导性文件。

②课程目标：广义的课程目标定位于教育与社会的关系，是一个比较大的视

角，涵盖面是全层次的。它等同于教育意图，包含了"教育方针""教育目的""培养目标""课程教学目的"和"教学目标"。

狭义的课程目标定位于教育内部的教育与学生的关系，是一个相对狭窄而具体化的视角，它的涵盖面是特定的，主要指"教育目标"。在狭义上，课程目标不包含"教育方针"，只包含"教育目的""培养目标""课程教学目的"和"教学目标"。课程目标直接受教育目的、培养目标的制约和影响。

③教学目标：是指与教学或训练有关的，而并非与教育有关的目标，也称行为目标。教学目标又包含年级教学目标、单元教学目标和课时教学目标。

④解读和细化：解读有三层含义，即阅读解释、分析研究、理解体会。细化，顾名思义就是进一步分解，使目标具有具体性、情景性和可操作性。

依据上面四个概念，我们要做的工作是解读课程标准，细化课程目标，我们要善于把握课程目标，根据历史学科的特点，分学段、分年级、分单元甚至对某一章节或课时的目标进行细化。

（二）弄清两个关系

第一，课程标准和课程目标的关系。课程目标只是课程标准中的一个部分。只有对课程标准的解读到位了，才能更好地理解课程目标。

第二，总目标与阶段目标的关系。课程标准主要是对学生在某一学段的学习结果的描述。教学目标是师生通过教学对话所要达到的预期结果。在教育实践中，教师根据课程标准来确定教的目标，并通过与学生的对话引导学生形成学的目标。但是，课程标准与教学目标并不是控制与被控制的关系，而是相互补充和创建的关系。阶段目标不能违背总目标的要求，而且要符合每个阶段学生的年龄特点和每个学段教材的特点。以此类推，每个年级的教学目标必须依据阶段目标制定，单元目标要依据年级的教学目标制定，章节目标要依据单元目标制定，每个课时的目标要依据章节的目标去制定。我们理清了这些关系，就能够对目标进行细化和分解了。比如，普通高中历史课程总目标是在初中历史教学的基础上，选择不同的角度，通过专题式学习，深入了解人类历史上的重大事件、历史人物和历史现象中所蕴含的丰富的历史文化遗产，进一步揭示人类历史发展的基本过程，培养和提高学生的历史意识、文化素质和人文素养，促进学生的全面发展。以上是从知识与能力、过程与方法和情感态度与价值观三个大的方面阐述的历史课程的总目标，总目标又分为三个学段目标，每个学段的目标又分为政治文明、经济文明和精神文明等三项内容，这些要求需要在一年半的学习中去完成。那么，我们要做的就是依据学段目标细化年级目标、学期目标、单元目标、课时目标。

例如，要细化高中历史第一学段一年级第一册政治文明"中国古代的中央集权制度"教学目标，可按照以下四个步骤进行操作。

①吃透历史阶段目标中第一学段的政治文明教学目标。着重反映人类社会政治领域发展进程中的重要内容，共有 9 个专题，关注的是古代中国专制主义中央集权的发生、发展及其膨胀的过程，探讨其对古代中国社会发展所产生的影响。

②了解高中一年级第一册关于中国古代政治制度教学的说明及教学建议。本专题的立意主要在于，通过对一个时期或一个朝代某个具体的历史事件或史实的剖析，了解、认识或探讨这一时期政治制度的主要特点及其在古代中国社会政治发展过程中的影响。

③依据必修一的教学目标，结合本单元的特点，分解单元目标，如专制主义中央集权制度是我国封建社会占统治地位的政治制度。该制度经过秦汉隋唐宋元等阶段的发展，至明清时期达到顶峰。明代罢中书省、废丞相，内阁为中央辅政机构；清代以内阁及军机处为中央辅政机构，协助皇帝处理军政要务。明清两代，以六部为中央政务部门，分理国政，直属皇帝。皇权兼并了相权，使皇权发展到顶端。本节课承接本单元的第 2 课《专制主义中央集权的建立》、第 3 课《专制主义中央集权的发展》，使专制主义中央集权的脉络清晰地呈现在同学们的面前。同时，明清时期专制主义中央集权的强化使中国在政治上大大落后于同时代的西方国家，揭示了近代中国落后于西方国家的一个原因，从而为学生以后学习第四单元（近代中国反侵略、求民主的潮流）奠定了基础。

④在单元目标的指导下，根据学生的年龄特点以及学生的学习经验，制定本节课的具体的教学目标。

二、学情与教学策略分析

（一）学情分析

学习者既是课堂教学活动的核心，又是有效性教学的起点。一方面，新时期的基础教育体现出以学生为中心的观念，力求引导教师通过多种历史学习方法，帮助学生掌握自主学习的钥匙，使学生能够深入了解与分析历史、解决历史问题、感悟历史。另一方面，无论是课程目标的制定，还是教学内容的设计与教学策略的选择，都要依据学习者的认知情况与心理特征进行综合考虑。可见，学情分析是教学设计的核心环节，并与其他组成部分有着密不可分的关系。为了增强课堂教学的有效性，教师在实施课堂教学前可以从已知、未知、想知三个方面深入分析学习者的实际认知水平，包括学生已有的知识储备、课堂教学的难点、学生的实际需求等内容。只有准确分析学习者的实际情况，关注学生的个体差异，教师才能有针对性地展开历史教学，切实提高历史课堂的质量。

（二）教学策略分析

按照正常流程，教学目标确立之后就是教学过程的设计了。但就教学设计的一般模式来说，影响教学过程设计质量的因素除了上述几点外，还有教学方法的选择、教学媒体的使用和教学组织形式的落实，这些因素的优化组合就是教学策略。因此，教学策略的制定被众多学者视为历史教学设计的核心环节。教师在确定教学目标以后，根据已定的教学任务和学生的特征，有针对性地选择并组合教学内容、教学组织形式、教学方法和多媒体技术，选择最佳的教学方式、方法和步骤，从而形成特定的教学方案，这就是教学策略。它是教师在现实的教学过程中对教学活动的整体性把握和推进的措施。在建构主义理论指导下，有关教学策略的论文探讨的多是自主探究、合作学习等诸学科通用策略。历史学科独有的教学策略主要是史料教学，以及在史料教学支撑下的小论文写作。

1. 史料教学

历史学家对历史的认识主要是通过对史料的研究获得的。在研究史料的过程中，历史学家为弄清历史的本来面目，并揭示历史发展的内在规律，逐步形成了一套独特的研究方法和技巧。在中学历史教学中，向学生介绍历史学家的独特的方法和技巧，并尝试用这些方法和技巧解决历史问题，对培养学生的历史思维能力及创新意识，会起到积极的促进作用。这段话道出了史料教学的真谛。很多一线教师不缺乏运用"史料教学"的意识，但在教学实践中却经常背离初衷，无法有效实现教学目标。这表现在以下几个方面。

（1）运用史料迷失方向

很多教师运用史料主要是为了论证教科书的结论，使某种论述生动有趣，以便学生理解和记忆。而新课改背景下历史教学的一个重要理念，就是让学生在历史学习中把史料作为证据，以重构历史的情境。所以，针对一线教师这种本末倒置的现象，我们必须明确：历史学习的关键是形成历史认识，而不是去论证教科书的结论。

（2）引用史料不加鉴别

例如，关于戊戌变法的记述主要见于梁启超所著的《戊戌政变记》一书，戊戍政变后，光绪帝被囚，"六君子"被斩，梁启超等人流亡，海内外的舆论大多指责康梁误国，为了进行辩护，争取舆论的支持，并解救光绪帝，梁启超匆匆写成《戊戌政变记》一书。梁启超介绍戊戌变法的有关史事时，不仅关心历史的真实性，也考虑了自身所属的政治派别，这种动机使得《戊戌政变记》的描述带有强烈的主观色彩。

因此，选用史料时一定要鉴别真伪，区分事实与观点，鉴别不同种类的史料。一般而言，实物史料证据力强于文字史料，历史材料证据力强于文学资料，一手资料证据力强于二手资料。

（3）教学模式过于单一

在很多教师看来，所谓史料教学，就是教师在课堂上提供图文材料，并提出问题，学生回答。这只是史料教学的一种，姑且可以命名为问答式史料教学。其实史料教学完全可以有多种形式，美国在新时期的历史教学改革中强调的三个概念值得我们关注：一是"做历史"的概念，将"历史"视为需要师生进行调查的"行为动词"而不是学生被动听取老师讲解的名词。二是将历史看作"实验室"，从五个方面加深学生对历史的认识，即如何收集史料、辨别史料的种类和可靠性，如何将搜集到的资料进行编辑、整理，有效解释历史事件需要提出怎样的证据和论证，说明和解释历史有哪些方法、受哪些因素影响，表现自己对历史的理解有哪些方法。三是第一、第二和第三顺序资料。第一顺序资料是针对某一主题，教师出示的可引出开放性讨论问题的一则最重要的史料，是不能没有的文献，此文献是教学的中心。教师针对此文献向学生提出一个开放性的问题并展开讨论。第二顺序资料指教师搜集的在讨论中可加深认识的相关史料。第三顺序资料则是学生课前围绕本主题搜集的资料。这种教学模式不同于传统的历史教学模式，明确提出历史是做出来的，让学生真正参与进来，与国内热闹的研究型学习相比可操作性更强。

当前历史学科研究性学习还有一些不良倾向，表现在：一是什么都搞"研究"，否定观察和模仿学习；二是形为"研究"，实为"陷阱"，让学生用"研究"的形式逐步跳进教师事先设计好的逻辑与结论中去；三是不顾学生的知识与技能储备，也没有具体目标，彻底放开，让学生凭空想象、无据辩论；四是只重视事先设计的方案，忽视了在教学过程中学生突然冒出的很有研究或创造价值的"火花"；五是选课题追求史学意义的高、精、新，而不顾对学生而言的实际发展价值；六是平常课搞"灌输"，公开课搞"研究"，将示范课变成演话剧，这是最糟糕的。

2. 历史小论文写作

史料教学与历史小论文的撰写可以说是水到渠成的关系，是学与用的关系，撰写历史小论文的过程，就是搜集史料、运用史料、分析问题、解答历史问题的过程，与史料教学"做历史"的概念有着相同的本质，可以说撰写历史小论文已经成为英美历史教学的核心内容之一。

在往年的考题中，历史小论文题型愈受欢迎，且分值更大。因此，要提高历史小论文的撰写水平，在平时的历史教学中就要扎实推动史料教学，注重培养学生的史料分析能力，在"做历史"中提高自身能力。在解答这类题型时应做到以下几点：首先，要明确主题与观点。其次，结合史实进行论证。论证要遵循"论从史出、史论结合"的原则。所谓论从史出，指结论来自史实及论据。最后，还需要一个总结性的呼应，形成一个完整的逻辑论证过程。

三、史学理论与课程资源

（一）史学理论

历史教学设计不仅需要教学观念的更新，更需要史学观念的改变，如果不转变史学观念，所谓转变课程观充其量是使教师成为一个更优秀的资料收集者，而所谓转变教学观也很可能就是运用更有效的方式、方法把原有的错误的观念加以强化。史学理论要解决的就是历史教师的思想观念问题，其核心就是"教什么"的问题。教教材还是用教材教，其根本就是要不要开发或多大程度上开发、利用课程资源的问题，国家统编历史教材既避免不了国家普遍性、共性的知识内容与地方学习环境、生活环境特殊性、差异性的矛盾，同样也存在课程资源的丰富性与教材内容的限定性的冲突。因此，课程必须留有弹性，应留有较大的允许改变和补充的空间。历史不仅存在于教材之中，更存在于生活之中，这需要师生在教与学的活动中，根据课程目标和地方的实际情况开发出隐含在现实生活中的课程资源，这又称为教材的再度开发。

（二）课程资源

教学设计的起点是学生分析、内容分析和教学目标的制定。传统意义上的内容分析主要是指教科书分析，也就是俗话说的吃透教材。新课程理念下的内容分析首先建立在分析课标的基础上，然后进行以教科书为核心的课程资源分析。

历史课程资源既包括教材、教学设备、图书馆、博物馆、互联网、历史遗址、遗迹和文物等物质资源，也包括教师、学生、家长及社会各界人士等人力资源。

课程资源的利用与开发水平同教学质量的高低密切相关，充分利用和开发历史课程资源，有利于历史课程目标的实现。在条件允许的情况下，我们应该力所能及地开发和利用各种课程资源。

但是，在当前的教育环境下，教科书是历史课程的核心资源，在有些地区甚至可以说是唯一资源。因此，对教科书的分析就显得尤其重要，即使在课程资源较为丰富的地区和学校，也仍然需要发扬传统，吃透教材，进行对历史教科书的二次开发。二次开发的涵义有四点：一是立意要高，二是视野要宽，三是要对教材内容进行有效整合，四是要有效弥补教材的不足。

第一，立意要高。历史教学的核心功能是公民教育，在当前的时代背景下公民教育的核心问题是给予学生什么样的价值观熏陶，而不是单纯的就历史而历史。

第二，视野要宽。视野要宽指的是在当前一标多本的状况下，教师应该留意其他版本的不同看法，备课要做加法，教学要做减法。有条件的话甚至于可以浏览港澳台地区和国外历史教科书的不同表述，尽可能扩宽历史教学的视野。

第三，要对教材内容进行有效整合。举个简单的例子，高中历史必修一第1课《夏商周的政治制度》相继列了三个知识点，即王位世袭制、分封制和宗法制，如果调整一下学习顺序变为王位世袭制、宗法制和分封制，就更加符合认知规律，也更有利于加深对早期政治制度家国一体这一特点的理解。

第四，要有效弥补教材的不足。以人教版高中历史必修一第2课《秦朝中央集权制度的形成》为例，教材"学思之窗"中有一则小故事："《史记·秦始皇本纪》载：有一天，始皇帝外出，看见丞相车骑很多，认为不是好事。宫中有人将此事告诉丞相，丞相随即减少车骑数量。始皇帝大怒，说：你们有人泄露我说的话！但没人敢承认。于是，秦始皇下诏，逮捕当时在场者，并全部杀掉。秦始皇为什么对丞相车骑得多少如此在意？而这则故事反映了什么问题？"配合正文，言下之意是想说明皇权和相权的矛盾。可是，这则故事的逻辑性很有问题，让人迷惑，去查原文，是这样表述的。

"三十五年……卢生说始皇曰：臣等求芝奇药仙者常弗遇，类物有害之者。方中，人主时为微行以辟恶鬼，恶鬼辟，真人至。人主所居而人臣知之，则害於神。真人者，入水不濡，入火不爇，陵云气，与天地久长。今上治天下，未能恬倓。原上所居宫毋令人知，然后不死之药殆可得也。於是始皇曰：吾慕真人，自谓'真人'，不称'朕'。乃令咸阳之旁二百里内宫观二百七十复道甬道相连，帷帐锺鼓美人充之，各案署不移徙。行所幸，有言其处者，罪死。始皇帝幸梁山宫，从山上见丞相车骑众，弗善也。中人或告丞相，丞相后损车骑。始皇怒曰：此中人泄吾语。案问莫服。当是时，诏捕诸时在旁者，皆杀之。自是後莫知行之所在。听事，群臣受决事，悉於咸阳宫（选自《史记秦始皇本纪》）。"

原来，秦始皇杀人的原因是自己的行踪被泄密，影响了自己成仙，并不是针对丞相。带领学生做这一番考证，既有效弥补了教材的不足，又锻炼了学生的研究性学习能力，堪称一个经典案例。

四、教学评价

教学评价是指教育工作者利用具体可行的评价方法对教学所产生的效果给予一定的价值判断，从而获得对教学实施方案进行改进的信息依据。教学评价既是课堂教学活动本身，又为教学活动提供反馈，使得教学设计方案趋于完善。在历史教学中，无论是哪一种评价类型，我们都应认识到教学评价的目的应当从甄别与选拔转向注重诊断、激励与调控。对此，教师必须基于课标的要求精心设计评价活动，力求教学评价的方式及标准更加多样化与科学化。例如，教师可通过提问与测试、诗词创作、数据分析、学习档案、卡片墙等多种方式，进一步检测学生的学习情况与课堂教学效果，并根据评价结果对自己的教学设计方案进行调整与改进。

第三节　中学历史课堂教学设计的操作要求

一、教师进行教学设计的操作要点

（一）研析历史教科书

教科书是重要的课程资源之一，是学生预习、复习历史知识的助手，所以在进行教学设计时，历史教师要认真钻研历史教科书。但教科书该怎么钻研，钻研到什么程度才算合格呢？首先要总览全书，了解整本教科书的框架结构、线索脉络和基本观点。在此基础上分析每课在该单元及该教材中的地位和作用。所谓"一纲多目"，在课程目标的指导下，我国存在不同版本的教科书，不同的版本对相应内容的描述也有不同，所以，有能力的教师还可以参考其他版本的教科书。其次要做的就是了解、熟悉本节课的教学内容，巧妙利用教科书中设计的小环节和习题。

（二）重构教学内容

教学内容的选择是教学目标设计的中心问题，研析教科书是教学内容的起点而非终点，教师还需要在研析的基础之上，加工、重新组织教学内容，构想创造性的教学设计。新的教材观改变了原来"教科书即知识"的现象，认为教科书不是教师教学和学生学习的唯一材料，而将它视为重要课程资源之一，要求教师在教学过程中能够"用教科书教"。在研析教科书、对学情有一定了解的基础之上，一个优秀的历史教师要能够摆脱教科书的束缚，重新组织教学内容，适当对内容进行增删和编排，使教学设计更符合学生的学习特点和教师的教学风格。

二、中学历史课堂教学设计应突出的特点

（一）科学性

从历史学科特点出发，进行初中历史课堂教学设计。史学使人了解过去、理解现在、融入社会、认识自己，是传承人类文明的学科。由于学科内容的不可复制、不可实验性，以及史实记载和史学评论的主观性、时代性，在进行历史课堂教学设计时，在教学目标指导下，要重视运用多样化的历史材料，采用音像图文资料和现代媒介平台，选择有意义的内容（接近学生生活实际的内容），减少学生与历史之间的距离感；在多方面、多角度了解史实的基础上，从当今时代需求出发，形成一定的历史认识。历史学科具有很强的思想教育功能，学习历史可以帮助学生树立科学的人生观、价值观。

（二）指导性

从让学生在活动中主动学习、全面发展的要求出发，进行中学历史课堂教学设计。中学历史教学注重公民基本素质的培养，即注重提高学生的人文素养和科学精神，重视思想教育和情感养育，如爱国主义情感的培育。因此中学历史课堂教学设计，应把重点放在对基本史实的理解和简单应用上，运用现代教育技术和适当的教学活动，使历史教学生动起来，让学生乐意学、主动学。从中学学生的学习认知心理发展状况和教学规律，可知中学历史学习的方式以观察学习、模仿学习为主，辅之以研究性学习。在进行中学历史课堂教学设计时，可以设计不同层次的历史情境教学环节，以提高学生学习的主动性和探究能力。针对知识水平和学习能力不同的学生，要有教学应对策略，在课堂教学中让每一个学生学有所成，促进每一个学生的成长。

（三）系统性

从教学设计的系统性出发，对教学设计的各个构成要素，如教学设计理论、学情、课程标准、教学目标、教学过程、教学重点和难点、教学方式、教学材料等，依据教学规律、学科特点和学生的认知规律，对教学环节和教学内容做出系统化、科学化的统筹安排（设计），并能根据教学条件、环境等的变化，及时进行调整。

（四）创造性

教师只有具备深厚的历史学、教育学知识，才能在主观性评述中，培养学生独立思考的能力，引导学生进行科学、客观、创新性的学习。教师本身具有研究性学习能力，才能指导学生进行研究性学习，提高学生的创新能力。由于性格、学习、工作经历的不同，教师往往具有不同的教学风格、智慧，每一种风格都有其特点，在进行教学设计时，教师要根据自己的教学特长设计教学，采取极具灵活性的教学方式，这样才能得到更好的教学效果。

三、中学历史课堂教学设计的具体操作要求

（一）要设计和实施明确、具体、真实的课堂教学目标

教学是有目的、有计划的活动，课堂教学以确定课堂教学目标为起点，以实施课堂教学目标为诉求，以达到课堂教学目标为目的，是不容置疑的。课堂教学设计的第一步，就是要从分析课程要求、教材内容、学生现状和学生需要出发，确定课堂教学目标，并针对课堂教学目标设计检测评价方案。目前的中学课堂在课堂教学目标的设计与实施问题上，存在这样几种情况，一种是没有课堂教学目标，一种是有课堂教学目标而目标不明确、不具体，还有一种被归纳为"课堂教学目标实践出现了诸多'虚假'的现象"。因此，课堂教学设计首先要设计和实施明确、具体、真实的课堂教学目标。

（二）要设计和实施合情、合理、有效的课堂教学过程

在确定了课堂教学目标及其检测评价方案之后，课堂教学设计的第二步，就是设计课堂教学过程，而整个课堂教学设计以课堂教学过程的设计、实施、评价为依托。

课堂教学是以教师为主导、以班级学生为主体、以课程为客体、以课题为载体、以教学目标为导向、以课堂为活动空间、以课时为活动时间，教师组织学生进行的有目的、有计划的学习活动过程。从这个定义可以看到，我们将课堂教学

过程视为教师组织学生进行的有目的、有计划的学习活动过程。因此，就课堂教学设计的操作而言，课堂教学过程实际上分为了课前和课堂两个阶段的操作，即课前针对课堂教学过程的立足于"预设"的设计操作，课堂上针对学生进行的立足于"生成"的实施操作。

课前的设计操作要做到合情、合理。"合情"，主要是指课堂教学设计要符合学生的认知水平和认知特点，从学生现有的学习需要、学习问题和学习能力出发。"合理"，主要是指课堂教学设计特别是课堂教学过程的设计要遵循学习理论、教学理论、系统论、传播理论等教学设计理论的要求。

依据课前的设计而进行的课堂的实施操作，则要做到有效。"有效"，主要是指在教师的组织和引导下，学生能够通过课堂教学活动而实现有效学习、高效学习。对于课堂教学设计的设计操作与实施操作而言，设计操作是为实施操作服务的，设计的"预设"操作是为实施的有效"生成"服务的，我们应该看到，要实现课堂教学的有效"生成"，前提条件就是教师在课前"预设"设计时要尽可能做到合情、合理。

（三）要分析评价课堂教学效果，完善课堂教学设计方案

教学设计是运用系统方法分析教学问题、确定教学目标、提出解决教学问题的策略方案、试行解决方案、评价试行结果和对方案进行修改的过程。在上述教学设计的定义中我们可以看到，在经过了课前的"预设"设计操作和课堂的"生成"实施操作之后，课堂教学设计的操作过程并没有结束，还有最后一步，那就是"分析评价课堂教学效果，完善课堂教学设计方案"。这一操作，即"分析评价课堂教学效果，完善课堂教学设计方案"，不但是课堂教学设计操作过程中不可缺少的一部分，而且是整个课堂教学设计操作过程的终点和归宿。

就教师的日常教学工作而言，他们日复一日地进行着课堂教学的设计与实施操作，年复一年地进行着大同小异的课堂教学内容的设计与实施操作。因此，如果他们在进行每一个课堂教学设计的操作时，都能够坚持完成"分析评价课堂教学效果，完善课堂教学设计方案"这一操作，他们就不单是在完成这一节课的课堂教学设计，而且还是在为他以后再次进行这一节课的教学积累经验、完善方案、搭建实施有效教学的平台。从这个角度出发，对于一个教师一生的专业成长历程而言，"分析评价课堂教学效果，完善课堂教学设计方案"这一操作，还具有促进教师专业成长的重要价值和作用。

分析评价课堂教学效果，完善课堂教学设计方案，有以下几个要求。

其一，对照课堂教学实施情况，分析评判课堂教学目标是否合理、达成情况如何，并据此对课堂教学目标的设计方案进行修改、完善。

其二，对照课堂教学目标和课堂教学实施情况，分析评判课堂教学过程的设计是否合理、是否有效，并据此对课堂教学过程设计方案进行修改、完善。

其三，结合课堂教学的实践感悟，写出自己的教学感想、心得体会。就整个课堂教学设计的操作过程而言，评判课堂教学目标和完善课堂教学过程设计方案是这一环节的必要工作，而"结合课堂教学的实践感悟，写出自己的教学感想、心得体会"的操作则可视为促进教师自身专业成长的操作，可视为教师自觉自愿的行为。

第四章　中学历史课堂教学目标设计

教学目标是指教师和学生在具体的教学活动中所要达到的预期的结果和标准，是教学的总要求在教学活动中的具体化，是教学活动的出发点和归宿。制定教学目标是进行中学历史教学设计的第一步，决定着整个中学历史课堂教学设计的方向、过程及结果评估，直接关系到课堂教学的效果和学生的发展。本章分为中学历史课堂教学目标概述、中学历史课堂教学目标的设计与要求、中学历史课堂教学目标设计的策略分析三个部分。

第一节　中学历史课堂教学目标概述

一、教学目标的层级

从教学目标的制定者来看，教学目标可以分为以下五个层次。

（一）教育总目标

所有的教育教学活动都应该服务于国家和社会的需要。在新时代新形势下，立德树人是发展中国特色社会主义教育事业的根本要求。《国家教育事业发展"十三五"规划》指出："把立德树人作为教育的根本任务，培养德智体美全面发展的社会主义建设者和接班人。要遵循教书育人规律、遵循学生成长规律，以学生为主体，以教师为主导，创新育人模式，培育和践行社会主义核心价值观，不断提高学生思想水平、政治觉悟、道德品质、文化素养，让学生成为德才兼备、全面发展的人才。"新课标的修订以贯彻落实党的十九大提出的"立德树人"根本任务为指针，是对党的教育方针和社会主义核心价值观的细化、具体化，更是对党的教育方针和社会主义核心价值观的落实和体现。

（二）学科教学目标

教育总目标是需要通过各学科教学目标的达成才能实现的。学科教学目标，即课程目标。在评价课程时，人们所谓的好的课程，是指这门课程在特定的背景中很好地满足了特定的目标。不同学科有不同学科的特点，因此不同学科有不同学科的课程目标。例如，在新高考的指挥棒下，高中不再分文理科，不再是一战决生死，而是注重基础性学习和形成性评价。这是对各学科课程目标的重视，更对各学科课程目标的达成提出了更高的要求。为实现"立德树人"的教育总目标，各学科的课程标准都制定了各具学科特色的素养目标，例如，语文学科的核心素养为语言建构与运用、思维发展与提升、审美鉴赏与创造、文化传承与理解；数学学科的核心素养为数学抽象、逻辑推理、数学建模、直观想象、数学运算、数据分析；政治学科的核心素养为政治认同、理性精神、法治意识、公共参与；化学学科的核心素养为宏观辨识与微观探析、变化观念与平衡思想、证据推理与模型认知、实验探究与创新意识、科学精神与社会责任；历史学科的核心素养为唯物史观、史料实证、时空观念、历史解释、家国情怀，等等。新课标下，课程目标从 21 世纪初倡导"三维目标"，发展到"学科核心素养"目标，这不仅仅是关于课程目标表述的不同，而是反映了国家对基础教育育人要求的发展。只有以素养目标为导向，才能培养出德才兼备的人才。也只有全面发展的人才，才能适应当今世界及社会对人才的需求，才能实现"立德树人"的教育总目标。

（三）单元教学目标

新课标下，中学历史课程分为三类课程：必修课程、选择性必修课程、选修课程。每一类课程下设置若干单元，如必修课程下有二十五个单元。中学历史教材将一改之前多种版本并存的局面，最终统一使用部编教材。因此，单元教学目标上承学科教学目标，下启课堂教学目标。单元教学目标设计是把课程目标转化为各单元教学目标的过程。新课标下，各个学科的教科书更具整合性，更关注知识面的广度。这样的教科书更需要教师对单元内容有一个整体的把握，在分析教材、进行教学设计的时候，能够在单元知识乃至整个知识体系上来把握。加之以素养为核心的课程目标的实现本就不是一蹴而就的，更不是通过一节课或两节课的学习就可以达成培养目标的，因此，新课标下，单元教学目标的重要作用日益凸显。单元备课，尤其是单元教学目标的设计以集体备课为最佳方式。各学科教研组应在进行专题学习之前进行集体教研，发挥集体的智慧，对单元教学目标进行优化设计，从而避免就课论课的现象，使课堂教学目标缺乏整体性与连贯性，最终无法真正实现以素养为核心的课程目标及"立德树人"的教育总目标。

（四）课堂教学目标

教师在教学过程中最常用的就是课堂教学目标，课堂教学目标设计是把专题教学目标转化为具体的课时教学目标的过程。它具体到每一节课，是教师进行教学设计的必备环节，也是第一环节，对教师教学活动及学生的学习活动都起着重要的导向作用。因此，课堂教学目标的设计也是本书研究的核心。从大的方面来说，不同的课型应有不同的课堂教学目标设计，如新授课与练习课的课堂教学目标设计方式就有很大不同。练习课的课堂教学目标设计应更具针对性，这样才能更好地关注到每一位学生的成长，进而促进学生的全面发展。课堂教学目标应根据课程目标、内容标准、专题目标、具体的教学内容、学生实际的学习情况乃至具体的学习环境进行细化。

（五）环节教学目标

环节教学目标是课堂教学目标的细化。教师在对每个环节进行教学设计时都应以总体的课堂教学目标为导向，并将整体的课堂教学目标细化到具体的教学环节中。环节教学目标设计是把课堂教学目标转化为具体的环节教学目标的过程。因此，环节教学目标要与课堂教学目标保持一致，这样才能发挥课堂教学目标对教学各个环节的调节和导向作用，才能更好地实现课堂教学目标，进而实现单元教学目标、学科教学目标、教育总目标。同时，环节教学目标也是教师制定的个体层面的目标，是课堂教学目标层次性和生成性的最好反映。由此不难看出，环节教学目标虽是最基础的环节，却也是最重要的奠基石，不可忽视，更不能撼动。

二、中学历史课堂教学目标的定义

历史课堂教学目标属于学科课程中的课节目标，它既有学校教育目标体系中的纵向定位，又有三维教学目标的横向界定，需要从纵、横两个维度加以辨析。

（一）从纵向层次审视历史课堂教学目标

从教育领域看，课堂教学目标与教育领域的"教育目的""教育目标""课程目标"等术语既有纵向从属，又有层次区分。

教育目的是培养人的总目标，关系到把受教育者培养成为什么样的社会角色和具有什么样素质的根本性问题，是教育实践活动的出发点，要根据一定社会生产力、生产关系的需要和人自身发展的需要来确定。教育目的的核心是规定培养什么样的人。它具有历史性、一般性、概括性和抽象性。不同的社会、不同的历史阶段需要不同的社会角色，对教育提出了不同的要求，也就有了不同的教育目的。教育目的主要是指教育的总体方向，它所体现的是一定历史阶段国家教育普遍的、总体的、宏观的教育价值。

教育目标则包括三方面：一是培养受教育者的总目标，二是各级各类学校、各专业的具体培养目标，三是教育事业发展的目标。在此，教育目标主要是第二方面的指称。也就是说，教育目标是教育目的的下位概念，它所体现的是不同性质的教育和不同阶段的教育价值，如基础教育、高等教育职业教育、成人教育分别具有不同的教育目标。

课程目标是教育目标的下位概念，它具体体现了课程开发与课程设计的教育价值。课程目标的内容、性质与方向，主要决定于教育目的和学校培养目标。教育目的和学校培养目标是通过一系列具体的课程目标落实到具体的教学实践之中的。课程目标既是教育目的和学校培养目标的具体化，同时它本身又可以进一步划分为某一单元、某一课的更为具体的目标。

课程目标又可分为三个层面，即课程总体目标、学科课程目标和课堂教学目标。课程总体目标描述的是在某一教学阶段课程设置所要实现的总目标，并为安排各类型的课程和教学内容提供依据，在我国往往体现在"课程纲要"和"培养方案"中；学科课程目标受到课程总体目标的规范，是相对具体的目标，以"课程标准"的形式呈现；课堂教学目标与具体的课堂教学相关联，是具体的、情境化的、可操作的教学目标，是对某一门学科或课程的具体内容进行教学所要达成的目标的描述，体现了教学的时空差异和个体差异。

在教育目的的指导下，各级学校构成了一个有机联系的教学目标系统。这个目标系统包括教育目的、学校教育目标、学科课程目标、单元教学目标、课堂教学目标五个方面。

综合地看，历史课堂教学目标体现在具体课堂中，通常是关于一节课的教学目标。它与历史学科单元目标和内容、某一节具体历史课的内容有密切关系。历史课堂教学目标与具体的历史课堂教学诸要素相连，既是对历史学科课程目标的具体化，又是指导、实施、评价历史课堂教学的基本依据，是具体的、情境化的、可操作的教学目标。

（二）从横向维度审视历史课堂教学目标

三维目标是从横向维度审视教学目标的术语表达，历史课堂教学目标从横向维度上可划分为"知识与能力""过程与方法""情感态度与价值观"三种。

1. "知识与能力"

"知识与能力"的内涵关系是复杂的。知识可脱离学生个体而独立存在，能力却必须依附于学生个体，它们在教学中体现为知识教学与能力发展的关系。从知识教学的过程看，广义的历史知识学习既涉及知识与能力，又涉及过程与方法、情感态度与价值观等内容。在历史知识的教学过程中，知识与能力是不可分的。知识的获取及呈现都伴随着相应的能力，而能力的培养及发挥也伴随着相应的知识。一定的能力是学生获取知识的必要条件，一定的知识是培养和提高能力的基础。知识所指涉的范围广，不同知识所蕴含的智力价值也有类别与层级的差异。简单的事实、现象和复杂的概念、性质、规律在智力价值上是不同的，获取后一类型的知识所需要的能力在水平和复杂程度上要比前一类别高得多。在历史教学中，简单的历史事实、历史现象与历史现象背后普遍性的、规律性的历史知识是不同类别与层级的知识。不同性质的历史知识，对应不同层级的思维活动，与不同类型的历史思维能力相匹配，并能促进不同能力的培养与发展。历史课堂教学目标中的"知识与能力"目标，是指在课堂层面所确定的"知识与能力"目标。

2. "过程与方法"

"过程与方法"既是手段，也是目标。历史学习必然涉及一定的过程与方法，学生在体验学习过程与运用学习方法的同时，也可以掌握这些"过程与方法"。具体而言，历史学科的"过程与方法"目标主要指的是学生在学习历史的过程中获得的相对合理的、能解决历史问题的思维过程和思维方法。这里的"过程"，主要指让学生在浓缩、简化或概括的条件下，经历和体验史学界确认史实、解释与评价历史的程序；这里的"方法"，主要指掌握史学界确认史实、解释与评价历史的思维方法，小到编制历史大事年表、制作各种历史图表的思维方法，如何进行史料鉴定、把握与解释历史现象的思维方法，大到如何发现与揭示历史变化的轨迹、知晓历史演变之脉络的思维方法。历史课堂教学目标的"过程与方法"目标，是指在课堂层面所确定的"过程与方法"目标。

3. "情感态度与价值观"

新课程在课程目标方面的改进重点之一就是将原先的政治思想教育目标拓宽为情感态度与价值观目标。情感是与人的社会性需要相联系的较复杂、稳定的态度体验，包括道德感、美感和理智感。历史课堂教学目标中的"情感态度与价值观"目标，是指在课堂层面所确定的"情感态度与价值观"目标。

综合地看，只有对"知识与技能"（事实性知识和概念性知识）、"过程与方法"（方法水平）和"情感态度与价值观"（价值水平）进行综合挖掘、洞察与提炼，才能真正地提高学生的历史学科素养。

三、中学历史教学目标设计的原则与路径

（一）教学目标设计的原则

1. 全面性原则

全面性原则指设计历史教学目标时要有全局观念和整体观念，应该符合国家教育目的的总要求。诚如前文所述，布卢姆提到教学目标应考虑的第一个要素——"合意"，历史教学目标设计不仅要符合国家对人才培养要求之"意"，同时也要符合历史课程目标之"意"。不同课程对人才的培养和塑造作用是有差异的，历史课程当然难以发挥工具性课程如物理、化学等课程的功能，故而和这些课程的教学目的也存在区别。

全面性原则还指学生的全面发展，教学目标应包括知识与能力、过程与方法、情感态度与价值观，这三维目标是统一的，不可偏废，尤其应该避免过分注重知识的倾向。

2. 具体性原则

历史教学目标设计必须遵循具体性原则，具体性原则主要包含对象的具体性和用词的具体性。

（1）教学目标要针对具体的对象

教育不是一蹴而就的活动，它是一个循序渐进的活动，以学年或者是学期为单位操作实施，每一学年、每一学期的教学目标都是不同的，每一学年、每一学期的教学目标的设计都要考虑教学活动的主体对象——学生的接受情况。学生个体的学习基础和学习能力存在差异，教师在进行教学目标设计时要针对具体的对象制定出具体的教学目标。学情是教师设计教学目标的重要依据。一般而言，没有最好的教学目标，只有最适合某一对象的教学目标。所以，教学目标的具体性原则要求教师在设计教学目标时必须充分了解学情，针对不同的学生群体设计不同的教学目标。

（2）教学目标的表述必须具体

教学目标是教师进行教学活动的指南，也是学生学习的方向，所以在表述教学目标时，用词必须具体，这样才能起到相应的指导作用。以《中外历史纲要（上）》

第 4 课的课堂教学目标为例：知道汉初的统治措施及文景之治，掌握汉武帝巩固统一多民族封建国家的措施及意义，了解东汉的"光武中兴"，了解两汉政权更迭的原因，认识两汉统一多民族国家巩固的内容及意义，认识两汉中华文化丰硕成果的成因及其对中国和世界的影响。

在该案例中，教学目标的表述十分简短，运用了知道、掌握、了解、认识等动词。很明显，这样的教学目标是不够具体的，教师难以使用这一教学目标指导自己的教学。教学目标要求教师在设计教学目标时说清楚怎样才算"知道"，怎样才算"认识"，怎样才算"掌握"，怎样才算"了解"。"学生通过阅读教材能说出汉初的统治措施，能用自己的话讲述什么是文景之治"这样的表述，对教师和学生而言才是具体可操作的。

3. 适度性原则

适度性原则指设计的教学目标既不能遥不可及，无法达成，又不能过分容易，不经努力就可轻易实现。目标要适度，是学生经过努力是能够实现的。这方面苏联心理学家维果茨基的最近发展区理论给了我们较大的启示。该理论认为学生的发展有两种水平：一种是学生的现有水平，指独立活动时所能达到的解决问题的水平；另一种是学生可能的发展水平，也就是通过教学所获得的潜力。两者之间的差异就是最近发展区。教学应着眼于学生的最近发展区，为学生提供具有一定难度的内容，调动学生的积极性，发挥其潜能，超越其最近发展区而达到下一发展阶段的水平，然后在此基础上进行下一个发展区的发展。历史教学目标也应如此，设计学生经过努力可以实现的教学目标，激发学生的学习兴趣，促进学生不断发展。

4. 学生中心原则

加涅创立教学设计理论时，就明确了教学设计的核心和首要原则是以学生为中心。教学是为学生的学习与发展而设计的，教学的中心、重心在学不在教，即在教育教学中，学生是本源性的存在，教师是条件性的存在，有学才有教，教是基于学生的学，教是教师帮助学生实现目标的活动。历史新课标的出台，进一步强调了在历史教学中学生的主体地位。历史教学要充分发挥学生的主动性，尽可能让学生在历史教学过程中获得直接经验，促进学生历史思维的发展。教学目标是教学开展的依据，尤其要重视以学生为中心。可喜的是，随着新课改的不断推进，在教师的学习和努力下，过去教学目标以教师为中心的情况已经得到了较大程度的扭转，很少出现"培养学生……使学生……"这一类的表述。当前教师在设计教学目标时，基本上能从学生的角度进行思考。坚持以学生为中心设计教学目标，教师更能从学生的角度思考，有利于提升教师设计教学目标的水平，有助于教师设计出更加适合学生发展的教学目标。

5.连续性原则

（1）历史核心素养的落实要连续

历史学科核心素养的培育是一个持续的过程，作为历史课程目标，它不是通过几节课就能达成的。作为长期目标，历史学科核心素养必须渗透到每一节历史课当中。这种渗透不能是随意、间断的，而应是连续不断的。学生的历史核心素养可分成4个等级，这4个等级具有明显的递进性、连续性和质性变化。学业质量是学生学完历史课程之后，应达成的学习结果的表现。学业质量体现为学生在学习历史的过程中，其核心素养的发展程度、量和质等方面的不断提升，以及行为的变化。因此，历史学科核心素养的落实要连续。

（2）各阶段教学目标具有连续性

各阶段教学目标之间具有连续性，相邻的上位和下位目标之间的连续性尤为明显。以单元和课时目标为例，它们之间的关系为课时和单元教学目标的确定方法都是从历史知识入手，在分析知识所蕴含的要素的基础上确定能力目标和情感态度与价值观目标，要求从整体的角度、专题与模块的关系以及单元教育价值方面思考问题，陈述方式比较具有概括性。历史教学中，有些目标难以在一节课中实现，单元目标的确立为这一问题的有效解决找到了一条新思路。单元教学目标是通过一个个课时逐步实现的，确定单元目标之后必须将其分解和落实到课时，变单元目标为课时目标。从学年到学期再到单元和课时，相邻两个层级的目标都是上下位的关系。在设计下位的教学目标时，教师必须弄清楚它的上位目标是什么。任何一个阶段的教学目标的设计都离不开其上位目标，所以，各阶段教学目标之间具有连续性。教学目标之间的连续性，有助于教师明确各级目标的关系，更好地把握教学目标。若是在落实的过程中某一环节或课时教学目标出了问题，通过教学目标的连续性能够更快地发现问题，更好地查漏补缺，保证核心素养的落实。

6.有效性原则

（1）教学目标能有效指导教学

教学目标是设计教学内容和开展教学评价的依据。合理的教学目标能够有效指导教学，以《中外历史纲要（上）》第4课为例，某教师将该课的教学目标设计为了解两汉统治的发展历程，清楚重要历史事件之间的关联，对两汉历史有一个整体的了解；从国家治理角度，归纳两汉巩固统一多民族封建国家的统治措施，概括大一统中央集权国家治理的基本模式；运用唯物史观的基本观点，分析两汉统治制度变迁的历史规律与发展趋势，认识统一多民族封建国家的巩固对中国发展的重大意义。

依据以上教学目标，教师设计了三个教学环节：梳理两汉确立、巩固大一统国家的基本过程，从国家治理的角度认识两汉统治制度的基本模式，认识两汉统治对巩固统一多民族国家的历史意义。在这一节课当中教学目标起到了应有的指导作用，教学也围绕教学目标得以有效开展。

（2）教学目标能帮助学生提高学习效率

教学目标是指学生的学习目标，是基于学生的情况和需要量身定制的，从教师的视角设计教学是错误的。教师的学识、兴趣点、认知重难点以及人生体验永远不可能和学生在一个频道上。教师必须认清所教学生的具体情况，对症下药，专门设定有针对性的目标，这是提高教学科学性、有效性的必由之路。

设计好教学目标之后将目标明确告诉学生，让学生对教学目标有清晰的认知，有助于提高学生对学习的重视程度，使更多的学生意识到自己要对自己的学习负责，有利于促使学生主动学习，提高他们的学习效率，帮助学生更好地达成教学目标。此外，教师根据教学目标对学生的学习情况进行评价，可以帮助学生及时进行查漏补缺，避免重复学习已经掌握的知识，从而帮助学生进一步提高他们的学习效率。

（二）历史教学目标设计的路径

布卢姆在《教学评价》中提出教学目标的编制有两种模型：一是任务模型，即先描述教学单元结束时在行为结果上要达到的总体要求，再将其分解成各个组成部分，形成有序的整体；二是探索性模型，即先制定出某些预期要实现的目标，另一些目标在相互作用的教学情境出现后再进行考虑，经过教学循环使得教学目标逐步趋于完善。

一般来讲，可以将拟订历史课堂教学目标的过程分为两个阶段。一是准备阶段。拟订一节历史课的教学目的，要做好必要的准备，一般应做到：第一，深入钻研教学大纲和教材并对学生的实际情况进行必要的了解。第二，用马克思主义基本观点分析这部分教材所包括的历史现象、事件和人物及其之间的关系，得出科学的结论，即揭示课题中主要的历史概念（全部或一部分），进而提出知识教学的基本要求。第三，根据教材实际，结合学生实际和社会实际，考虑智能培养要求，引申出思想教育的要求。二是表述阶段。在上述基础上，用准确、集中、具体、简洁的文字形式将一节历史课的教学目的表述出来。我们将历史教学目标设计的步骤归纳如下：第一，研读历史课程标准。第二，研读历史教材。第三，研究学生。第四，确立教学目标。

（三）历史教学目标的撰写

1.陈述教学目标的主体

教学目标是对学生知识、能力、学法和情感态度等的变化（学习结果）的预期和描述。因此，陈述教学目标时应以学生为第一人称，多用鼓励性用语，激发学生学习动机，增强学生学习自信心，如"通过学习，我们能列举……""通过学习，我们能概括……""通过学习，我们能够理解……"等。

2.陈述教学目标的维度

教学目标主要分为结果性目标和体验性目标（或表现性目标）。结果性目标是明确学生的学习结果是什么，采用明确、可测量和可评价的行为动词，主要应用于"知识与能力"领域。体验性目标或表现性目标是描述学生的心理感受，给学生表现的机会，所采用的行为动词往往是体验性的和过程性的，主要应用于"过程与方法"和"情感态度与价值观"领域。

（1）结果性目标

结果性目标是对学生学习结果的说明，结果是可量化的。如上所述，主要在"知识与能力"领域得以较好地体现。

第一，知识。历史课程标准提出了了解、理解和应用三个层次的要求。了解属于第一层次，是学习历史课程最基本的目标，它要求学生能够正确表述基本史实。理解属于第二层次，是学习历史课程高一级的目标，它要求学生能对所学的历史内容进行归纳和整理，形成对历史问题的初步认识。应用属于第三层次，是学习历史课程更高一级的目标，它要求学生能运用已学知识，分析历史问题，并做出合理的解释与判断。

第二，能力，包括三方面。一是模仿水平，指对所提供的对象进行模拟、修改等。二是独立操作水平，包括独立完成操作、进行调整与改进、尝试与已有技能建立联系。三是迁移水平，指理解同一技能在不同情境下的适用性和在新情境下运用该项技能。

（2）体验性或表现性目标

如上所述，体验性或表现性目标是描述学生心理感受和体验的目标，一般应用于"过程与方法"和"情感态度与价值观"这些无法量化评价的领域，包括经历、反应和领悟三个层次。第一，经历（感受），指独立从事或合作参与考察、访问、采访或调查活动，建立感性认识。第二，反应（认同），指在经历基础上表达感受、态度和价值判断，做出相应的情感反应。第三，领悟（内化），指在价值认同基础上形成相对稳定的情感态度与价值观念，并在外在行为中表现出来。

3. 陈述教学目标的基本方式

行为教学目标的叙写，包含行为主体、行为动词、行为条件和表现程度四个要素，简称 ABCD 形式。

第一，行为主体。行为主体是学生，而非教师。

第二，行为动词。行为动词用来表示可观察、可测量和可评价的学习的类型。不同的学习领域和不同层次的学习目标可以参考的行为动词有以下几个层次。

"了解"层次：说出、写出、记忆、再认、再现、复述、辨认、描述等。"理解"层次：解释、说明、分类、归纳、概括、区别、判断、预测、推断、检索、收集等。"应用"层次：分析、比较、设计、撰写、推广、证明、检验、拟定、探讨、总结、评价等。"经历"层次：经历、感受、参加、尝试、讨论、交流、分享、访问等。"反映"层次：认同、接受、同意、反对、欣赏、称赞、关心、支持、尊重、爱护、怀疑、抵制、拥护等。"领悟"层次：形成、热爱、建立、坚持、保持、确立、追求等。

第三，行为条件。行为条件指使目标指向结果行为的条件，通常包括环境、设备、时间、信息及同学或教师等人为的因素。行为条件共有四种表述方式：第一种是使用辅助手段，如讨论"如何客观评价辛亥革命"，鼓励学生进行交流，学会客观评价历史事件的方法，逐渐形成从多个角度分析历史问题的思维方式。第二种是提供信息或提示，如在地图上找出红军长征三大会师地点。第三种是时间上的限制，如在三分钟内思考并回答戊戌变法失败的主要原因。第四种是完成行为的情景，如"在课堂讨论时能叙述……要点"等。

第四，表现程度，指行为标准，即学生学习行为合格的最低限度的要求，教师和学生用它来衡量学生或自我的行为是否合格，是否达到预期的教学或学习目标。表现程度可以是定量测量，也可以是定性鉴定，或者定量与定性衡量相结合。

把行为主体、行为动词、行为条件和表现程度四个要素结合在一起，就是完整的教学目标了。

四、初高中教学目标的差异及衔接

（一）初高中历史总教学目标及差异

基础教育是一项整体工程，但又分为几个阶段。我国的中学分为初中和高中两个阶段。这两个阶段既相互衔接，又相对独立。历史学科不同于其他学科，具有"过去性、既定性、具体性、不重复性"等特点，因此，我国的历史课程采取螺旋式编排法，就是初中历史是一次循环，而高中又是一次循环，但这两次循环并不是简单的重复。高中历史课程在初中的基础上进行循环，比初中的课程更有深度和广度，这样就决定了初高中历史教学目标必然会存在差异，如表4-1所示。

表4-1　初高中历史教学目标的主要差异

初中历史教学总目标	高中历史教学总目标	初高中历史教学总目标差异
通过义务教育阶段历史课程的教学，学生能够掌握中外历史的基本知识，初步掌握学习历史的基本方法和基本技能；对人类历史的延续与发展产生兴趣，感悟中华文明的历史价值和现实意义，具有爱国主义情感，开拓观察世界的视野，认识世界历史发展的总体趋势；初步形成正确的世界观、人生观和价值观，为成为拥有良好的综合素质的合格公民奠定基础。	通过普通高中历史课程的学习，扩大掌握历史知识的范围，深入地了解历史发展的基本线索；对历史唯物主义的基本理论和方法有所了解，初步认识人类社会的基本规律，学会用科学的理论和方法认识历史和现实问题，逐步形成科学的世界观和历史观；树立不断完善自我、为祖国社会主义现代化建设做贡献和关注民族与人类命运的人生理想。	知识与能力：高中扩大了要掌握的历史知识的广度和深度，提高了对学生学习历史的基本能力的要求。过程与方法：高中要求学生由感悟历史发展到理解历史，并在此过程中要求学生利用历史唯物主义方法认识历史和现实问题。情感态度与价值观：高中加强了对学生世界观和历史观的培养。

（二）初高中教学目标衔接

根据《现代汉语词典》中的释义，衔接一词指"事物相连接"，如"两个阶段必须衔接起来"。而在教育教学过程中，无论中外，学习都会被分成若干阶段。从一个教育阶段过渡到另一个教育阶段，必然会出现一些问题，原因有二，一是各阶段的教育任务和目标不一样，二是随着学生生理、心理机能的发展，学生的能力也有所发展，但同时也出现了不平衡的现象。这就需要进行"衔接"。以中学历史教学来说，由于初高中都采取螺旋式教学，初高中历史课程的基本知识体系并没有太大变化，也就是说初高中教学目标之间存在着整体性，内容都是以政治史、经济史和文化史为主，这就为二者之间的衔接提供了可能性。而初高中课程标准的差异、初高中教材编写模式的不同和初高中学生心理机能的变化与发展，又使初高中历史教学目标产生了不同的层次。初高中教学目标的整体性和层次性并存的情况，为初高中教学目标的衔接提供了必要的前提条件。

第二节　中学历史课堂教学目标的设计与要求

一、中学历史课堂教学目标的设计

（一）设计的方法

新课标下提出了历史学科应具有五大核心素养，课程目标是设计课堂教学目标的重要依据，因此课堂教学目标必须体现对五大核心素养的培养。但培养五大核心素养的目标与三维目标并不矛盾，五大核心素养目标是对三维目标的升华。三维目标的书写方式容易出现机械教条等问题，因此，新课标下中学历史课堂教学目标的设计不应再"套路"地分成三个层次（知识与能力、过程与方法、情感态度与价值观）。正如教育部课程教材研究所研究员何成刚先生所述："分列不如综合，将三维的思想隐性地而非显性地渗透到教学目标的阐释之中。"如新课标附录 B 所给出的课堂教学目标设计的示例。

①运用时空定位，分析长安、东京的历史地位，认识都城是唐宋社会繁荣的重要标志。

②通过史料分析，了解长安、东京的社会风貌，理解从唐到宋的社会发展变化，培养对唐宋时期中华文明成就的认同感。

③分析唐宋社会变化，提高对社会变化的解释水平，增强对中华文明成就的自豪感，增强承担社会责任的动力与信心。

新课标中给出的这则课堂教学目标的设计案例已经较清晰地为我们指明了课堂教学目标设计的书写方式，即五大核心素养目标的书写方式。这则案例体现出了除唯物史观之外的其他四个素养目标，包括时空观念、史料实证、历史解释和家国情怀。由此可见，课堂教学目标的设计不一定要同时涉及五个素养，应结合本节课的课堂教学内容、学生学情等进行调整和变化。同时，三维目标中的思想也隐性地体现于其中，如分析、认识、了解、理解等行为动词的使用是三维中知识与能力的体现，"运用时空定位"与"通过史料分析"是三维中过程与方法的体现，"培养认同感"与"增强自豪感"等是三维中情感态度与价值观的体现。同时，课堂教学目标设计的依据主要为课堂教学内容、学生学情和课程标准。新形势下，新课标实施在即，必修课《中外历史纲要》内容多，课时容量大，因此，在设计课堂教学目标时教师必须注重初高中衔接，有所取舍。时代在变化，社会环境在变化，学生学情越来越复杂，因此，在设计课堂教学目标时教师必须设身处地站在学生角度思考问题，预设目标。新课标和新高考对中学历史教师提出了新的挑战，因此，在设计课堂教学目标时教师必须把握最新教育动态和前沿知识，不断更新教学观念，迎难而上，不断创新。

（二）设计的案例

依照前文总结和梳理的新课标下中学历史课堂教学目标设计的原则和方法，本书对《中外历史纲要（上）》的第五单元《晚清时期的内忧外患与救亡图存》第17课《寻求国家出路的探索和列强侵略的加剧》进行课堂教学目标设计的尝试，如下。

1. 教材分析

《中外历史纲要（上）》的第五单元以晚清时期的内忧外患与不同阶层的救亡图存运动为主线，展现了晚清中国压迫与反抗并存的壮丽历史画卷。《寻求国家出路的探索和列强侵略的加剧》是本单元的第二课，上承两次鸦片战争，下启维新变法运动，起着承上启下的重要作用。本课包括太平天国运动、洋务运动、边疆危机与甲午中日战争、瓜分中国的狂潮四个部分，内容含量大。为整合与梳理教材内容，完成课堂教学任务，教师可以将本节课的主题定为"努力与挫折——寻求国家出路的探索和列强侵略的加剧"，期望通过合理的情景带入，增强学生的理解力和认同感。

2. 学生学情

高一学生通过初中三年的历史学习，对基本的历史史实有了一定的了解，但认识相对浅薄，缺乏深入的思考和分析，这就需要教师借助图片和史料，有效设计问题，激发学生自主探究的能力，以形成对历史问题的全面的、理性的认识，这样更符合新课改以学生为主体的理念和原则。

3. 内容标准

认识列强侵华对中国社会的影响，概述晚清时期中国人民反抗外来侵略的斗争事迹及意义；认识社会各阶级为挽救危局所作的努力及存在的局限性。基于对教材、学情的分析以及新课标培养学生五大核心素养的要求和内容标准，为实现"立德树人"的教育总目标，制定了以下具体的课堂教学目标。

4.课堂教学目标

①通过史料研读，能够站在晚清中国特殊的时空条件下辨证分析太平天国运动、洋务运动、边疆危机与甲午中日战争、瓜分中国的狂潮等历史事件发生发展的原因及产生的影响。

②了解太平天国运动、洋务运动、边疆危机与甲午中日战争、瓜分中国的狂潮等历史事件发生发展的进程，并能够掌握重要的时间节点及主要内容。

③深入历史，感受晚清中国备受压迫的辛酸血泪和不同阶级不断探索救国新方案的努力与挫折。

综上所述，新课标下高中历史课堂教学目标的设计应注重初高中衔接、学生学情和新课标新高考的要求，以五大核心素养目标为书写方式，并将三维的思想隐性地渗透到课堂教学目标的阐释之中。

二、中学历史课堂教学目标设计的要求

（一）教学目标要具有整体性

运用系统论的观点，可以这样对"教学"进行分析，我们可以将"教学"看作一个系统，从纵向的角度把教学目标分为三类，分别是课程教学目标、单元教学目标和课时教学目标；而从横向的角度来分析教学目标，教学目标又可以分为另外三类，分别是知识与能力目标、过程与方法目标、情感态度与价值观目标。

在教学活动中，教学目标要始终贯穿全局，发挥指导作用，这是为了实现教育目的而提出的一种概括性的总体要求，它把握着教学的发展趋势和总方向。教学总目标的具体作用体现在学科课程教学目标上，同时教学总目标也决定着单元教学目标的方向；课时教学目标是对上述目标的具体化和细化，是我们在课堂教学活动中具体要实现的目标。上述提到的所有的"目标"，都包含知识与能力、过程与方法以及情感态度与价值观目标。由此可知，历史教学目标的制定，要遵循整体性原则，不能简单地只考虑课时而制定课时目标，要将"学科课程教学目标—单元教学目标—课时教学目标"逐步系统化，做到上下衔接、互相联系，所有的目标都要考虑到基本要求，只有这样，才能有效地完成教学活动。

（二）教学目标要注重灵活性

教学活动中的主体对象是学生，而由于学生本身具有差异性，因此在制定教

学目标时要考虑学生的基础知识储备、学习接受能力、认知结构、学习态度、习惯、喜好风格等，这就要求在制定教学目标的时候，教师要参考实际情况，灵活处理，掌握好知识的接受度、学习的难易程度等，最后制定出灵活而富有弹性的课程教学目标。

（三）教学目标的设计要具有层次性

教育不是一蹴而就的活动，它是一个循序渐进的活动，以学年或者是学期为单位，每一学年、每一学期的教学目标都是不同的，每一学年、每一学期的教学目标的制定都要考虑教学活动的主体对象——学生的接受情况。其一，要考虑学生的层次性，因为学生个体的学习基础和学习能力存在差异，要考虑每个学生的实际情况，在充分分析学习者的特征的基础上，制定出具有层次性的教学目标，使教学目标符合不同学习水平的学生。其二，教学目标的制定要具有层次性，知识与能力、过程与方法、情感态度与价值观三维目标本身就具有层次性。知识与能力属于第一层面的目标，是掌握方法和过程体验的基础和前提；过程与方法属于第二层面的目标，它较知识与能力更高一级；情感态度与价值观属于第三层面的目标，也是最高级的目标。第一层面的目标是前提和基础，第二层面的目标是教与学的工具，第三层面的目标是情感升华和价值定位。因此，课堂教学活动要由低到高逐次递进，满足学生不同的认知需求，充分反映将知识转化为能力并逐步升华的要求。

（四）教学目标的设计要具有可操作性

课堂教学目标的实现不是学习的终点，而是学生能力发展的有效途径，教学目标确定后，教学策略的制定、教学媒体的选择、教学方法的运用等，都要为教学目标服务，教学效果的评价也要依据教学目的的达成。由此可知，教学目标应该是具体的、可观察、可测量的、可以操作的。

首先，教学目标要详细具体。目的必须明确、具体、有针对性，也就是说要根据课程标准的要求，根据教材内容和学生的特点，根据所教班级学生的基础，参考学生的学习习惯、兴趣等，把教学目标细化、具体化。但在实际的教学活动中，一部分教师仅考虑"知识与技能、过程与方法、情感态度与价值观"三个方面来制定教学目标，将教学目标做得大而全，却往往流于形式，没有什么实际效果。

其次，教学目标还要有可测性。历史课程标准明确说明"列举""知道""了解""说出""讲述""简述""复述"等行为动词为识记层次要求，"概述""理解""说明""阐明""归纳"等行为动词为理解层次要求，"分析""评价""比较""探讨""讨论"等行为动词为运用层次要求，这些行为动词都是可测量的。相比较来讲，情感态度与价值观目标是一种内在的心理活动，难以用具体的语言来表达，要使它具有可测性，就要尽量指出其特定所指。如《美国1787年宪法》这一课中情感态度与价值观目标可以这样叙述："通过学习美国民主制度的建立过程，理解一种新制度的建立总要经历长期而艰巨的过程；学习美国政党制度的形成与美国资本主义发展相适应的内容，从中感受到美国人的务实精神和创新精神。"

为了实现"理解一种新制度的建立总要经历长期而艰巨的过程"和"感受到美国人的务实精神和创新精神"这两个目标，分别依托"美国民主制度的建立过程"和"美国政党制度的形成与美国资本主义发展相适应的内容"，使目标变得具体可操作。同时，学生通过学习，可检测目标是否能够达成。

第三节　中学历史课堂教学目标设计的策略分析

一、掌握步骤，有序设计

课堂教学目标的设计是有一定的基本步骤的，中学历史教师们应当掌握这些步骤，设计出更科学可行的历史课堂教学目标。

（一）精准解读课标，把握教学整体方向

教师在制定课堂教学目标时首先应详细解读中学历史新课标，它规定了中学历史教学的目的、任务、内容与基本要求等，教师应对历史教学的发展方向与总体要求有一定的了解。在拟定课堂教学目标时，教师应对中学历史新课标中的"内容要求"进行解读。解读时注意剖析动词，明确具体要求。例如，高中历史统编版《中外历史纲要（上）》第10课《辽夏金元的统治》，课标要求是"通过了解辽夏金元诸政权的建立、发展和相关制度建设，认识北方少数民族政权在统一多民族封建国家发展中的重要作用"，其中"了解"这个动词，说明课标对学习"辽夏金元诸政权的建立、发展和相关制度建设"的要求是在识记层次；"认识"这个动词，则应定位于理解层次。明确层次要求后，可拓展相关范围，确定教学内容。如识记层次的内容，学生在学习"辽夏金元诸政权的建立、发展和相关制度建设"时，应该掌握其建立时间、建立者、所属民族、地域分布、政权演变过程和各政权相关制度建设的内容、特点及影响。理解层次的内容，学生在理解"北方

少数民族政权在统一多民族封建国家发展中的重要作用"时，应注意到"统一多民族封建国家发展"对思考北方少数民族政权"作用"的角度起到限定作用，该词明确表明应该将北方少数民族政权放在统一多民族封建国家的角度去探讨其作用。

（二）认真钻研教材，整合教学内容

一堂好的历史课需要教师对教材进行全面深入的分析，并对教学内容进行优化整合。关于制定教学目标与进行教材分析的关系，有学者认为教科书不是拟定教学目标的依据，而是教学目标设定后，教科书才能在教学内容的选择过程中发挥它的作用。有的学者则认为课程内容（包括教科书和其它课程资源）应当体现课程目标，并且影响着教学目标的制定，而非先有教学目标再去分析课程内容（教科书），中学历史教科书是在历史课程标准的指导下编写的，蕴含着历史学科核心素养。因此，教师在设计具体的课堂教学目标前，很有必要对教材进行准确全面的分析。

（三）精心考虑学情，以学生为中心

学生是学习历史的主体，缺少学情分析的教学目标，仅仅是"空中楼阁"。教师在制定一节课的教学目标时需要把握好目标数量与目标达成难度。目标过多，超出学生接受程度，不仅会使教学活动产生紧迫感，教学效果也会大大降低。目标难度过大，超出大多数学生能达到的水平，会打击学生学习历史的积极性，造成课堂气氛的低沉，不利于良好课堂教学效果的达成。要制定出数量合理、难度适中的课堂教学目标，教师就必须了解学生、走近学生，真正了解所教学生的心理认知特点以及现有知识储备和经验基础。不同的班级、同一班级内的不同学生都有各自的学习风格与特点，不同学生对同一学习内容的兴趣也存在较大差异。如学习中国史时，有的学生明显对古代史表现出极大的热情，有的学生则更喜欢学习近现代史；学习中国古代史时，学生感兴趣的朝代又有很大不同；学习具体的朝代时，对政治、经济、思想文化、民族关系等又有不同的侧重点。这样的差异性也为课堂生成效果提供了更多的可能性。但是学生之前对某方面历史没有兴趣，不代表不能经过一定培养而对某历史教学内容产生兴趣，为此，教师应积极提升自身的教学水平，创新教学方法，培养与调动学生对即将学习的课时内容的兴趣。

二、综合运用核心素养和三维目标表述法，合理表述教学目标

课程目标和教学目标其实是两个有紧密关系的不同概念，它们之间既有相同点，也有不同之处。课程目标需要通过教学目标来一一实现，教学目标的制定则要依据课程目标。

（一）按五大核心素养的方式表述学年、学期目标

为什么主张按五大核心素养的方式表述学年、学期目标？首先，最新的中学历史课程标准中关于课程目标的表述表明，中学历史课程目标就是按照历史学科五大核心素养这五个方面进行表述的。学年和学期教学目标作为课程目标的下位目标要受课程目标的制约。而学年和学期目标作为中长期目标，其描述必然不可能太具体。

教学目标是教学评价的重要依据，历史新课标除了提出五大核心素养之外，还提出了学业质量这一重要概念。学业质量是学生在完成历史课程的学习后的学业成就表现。学业质量标准是对学生学业成就表现的总体刻画。它结合课程内容，以学科核心素养及其表现水平为主要维度。根据学业成就表现不同，学业质量标准明确将学业质量划分为不同水平，并描述了不同水平的具体表现。由此可见，学业质量水平实际上就是课程目标的四个等级水平，每个等级水平的描述都具有较强的概括性，比较适合作为中长期教学目标。所以，学年和学期教学目标按照五大核心素养的方式进行表述是比较合理的，也可以帮一线教师节约部分时间和精力。

（二）综合三维目标表述单元、课时教学目标

三维目标同样是课程目标，为何要用三维目标的方式来表述单元和课时教学目标？主要是因为这两者之间具有密切联系，并且这两者虽然都是课程目标，却有明显区别。核心素养较之于三维目标既是传承，也是超越。传承多表现在"内涵上"，超越则表现在"性质上"。对三维目标进行整顿、重新组合、深化后形成的关键能力与必备品格，也是核心素养的关键组成部分。其中能力对应的是知识、技能、过程和方法，品格则是由情感、态度与价值观深化而来。三维目标的有机统一就是能力和品格的形成。素养是从人的视角来界定的课程与教学的内容和要求，它是内在的。三维目标兼有外在和内在的东西，它是由外向内的中间环节。三维目标并非教学的最终目标，而是达成核心素养的必经之路和重要组成部分。

相比于核心素养，三维目标是相对具体的、更加外在的。按照目前与教学目标相关的研究来看，按照三维目标的分类来表述教学目标是相对比较恰当的。三维目标可以具体、明确地表现出学生学习后呈现的状态。教师需要清楚和留意的是，在设计过程与方法目标时，要更多地关注学习方法目标，而不是过程目标，过程目标更侧重于课程目标，并且在设计知识与能力目标时，已经伴随着"过程"的相关内容。课程目标所包含的内容多，范围广，设计课程目标的专家对这三个维度的教学目标有清晰的认识，能准确划分，所以作为课程目标的三维目标是分开罗列的。对教师而言，要准确、清晰地划分三维目标却是比较难的。更重要的是，并不是每一个课时教学目标都有三个维度，若是我们在设计课时教学目标时为了三维目标而三维化，会使课堂承载太多目标，重要的目标就难以实现。三维目标并不是说同一个教学活动产生了三个不同的成果，而是同一个教学成果在三个维度上不同的具体表现。在设计单元、课时与活动目标时，目标都承载着具体的学习任务、活动，是完成这个学习任务、活动可以实现的具体目标的三个方面，它们是不可分割的整体。

在采用三维目标来表述单元和课时教学目标时，建议采用综合的方式，这样更清楚过程与方法、情感态度与价值观是基于怎样一个活动获得的，在这个具体的活动中表现出来的行为是什么。所谓综合的方式，更多的是指在设计单元和课时教学目标时，要注重教学目标的全面性和把握三维目标之间的内在联系，促进三维目标得以落实，从而保证其上位目标的达成。要注意的是，单元教学目标是课时教学目标的上位目标，单元教学目标对课时教学目标起着制约作用，两者层级不同。尽管都是采用综合三维目标的方式进行表述，但应有所区分。具体的教学实践是一个不断运动、变化甚至反复的过程，在落实单元教学目标的时候，不能机械地将其平均分配到一个个课时当中，而是应该结合评价动态地落实。

三、以评促教，改善设计

教学目标是进行教学评价的重要依据，考试是进行教学测量与评价的重要方式，而学业质量是考试命题的重要依据，所以，教师在进行教学目标设计时不仅应精准把握历史学科核心素养水平划分依据，也应掌握学业质量水平，促进教、学、评的有机结合，以评促教，改善教学目标设计。学业质量，是中学历史课标中以历史学科核心素养为纲，将中学历史具体教学目标划分为不同水平进而形成的学习成就的具体表现。学业质量依据历史学科核心素养的五个方面分别定为四个等级，实际上是对历史学科核心素养水平的细化，它的运用保证了基于核心素养的课程标准和教学与评价的一致性。等级性考试由学生自主选择，对应学业质量水平。历史学科学业质量对评价学生历史学科核心素养的达成程度具有重要意义，也有利于对教学目标进行评估反馈，指导教师对教学目标设计进行调整与改进。

四、提高素养，深化设计

在核心素养引领下，有的教师在设计教学目标时，直接书写"形成唯物史观"，不仅违背可操作性和可检测性的原则，也反映了教师自身对历史学科核心素养的把握水平较低。为了帮助学生更好地发展历史学科核心素养，历史教师首先应该注重自己核心素养的发展。除了历史学科核心素养之外，历史教师还应自觉提升自身各方面的素养，如教育教学理论素养、社会素养等。

关于教育教学理论素养，历史教师不能只注重历史教学实践能力的提升，因为缺乏相关理论的指导，教师的教育教学水平即使有提升也十分有限。历史教师应积极学习教育类的理论知识，掌握历史教育发展整体动态，阅读教育学、教育心理学等教育类专业书籍，学习国内外有关历史课堂教学目标设计的案例与理论，不断补充完善自己的知识体系，更新教育观念。

教师的社会素养是指"教师应当具备的对于传统、社会、国家、民族、人类未来等的观点、态度和价值观"。教师和学生都是社会中的人，应当面向社会现实，提高自身对社会、国家、民族的人文关怀和责任意识，能够积极展望人类的美好未来并愿为之奋斗。教师在历代都是社会道德的典范，是社会文化的使者。中学生具有可塑性和较强的向师性，教师的道德认知与相应的行为也会影响学生的言行，使其发生一定的改变。教师不仅应言传，还应身教。历史教师自身具有良好的社会素养有利于情感与价值观类目标的设计与实施，这不仅会有利于对学生进行家国情怀核心素养的培养，也有利于历史课程"立德树人"的根本任务的实现。

总之，在核心素养的引领下，历史教师应遵循课堂教学目标设计的具体原则，掌握设计的基本步骤，设计出规范、简约、可操作、可测量的中学历史课堂教学目标。同时历史教师应注意以评促教，把握历史学科核心素养的具体内涵和水平划分，参考学生学业质量要求，逐步改善中学历史课堂教学目标设计。教师还应树立终身学习的意识，不断提升自身的综合素养，针对学生的具体发展水平，循序渐进地培养与提高学生的历史学科核心素养。

第五章 中学历史课堂教学方法

中学历史教学在培养学生基本素质的过程中有着不可替代的作用。通过对历史人物、历史事件、历史现象的评析，学生不仅能够明辨是非，还能培养良好的道德情操，树立正确的人生观、世界观和价值观，从而热爱祖国、热爱人民、热爱社会主义制度。因此，历史教学是一项光荣而艰巨的工作，必须不断改进历史课堂教学方法。本章分为中学历史课堂教学方法概述、中学历史课堂教学的常用方法、中学历史课堂教学方法的设计、中学历史课堂教学方法的运用四个部分。

第一节 中学历史课堂教学方法概述

一、教学方法的概念和作用

（一）教学方法的概念

现代教育学原理认为："教学方法是教师和学生为实现共同的教学目的，完成共同的教学任务，在教学过程中运用的方式和手段的总称。它包括教师教的方法和学生学的方法两方面，是教法与学法的统一。"中国教育理论家王策三在《教学论稿》中对教学方法的定义："教学方法是为达到教学目的、实现教学内容、运用教学手段而进行的，由教学原则指导的，一整套方式组成的，师生相互作用的活动。"在《教学论》一书中，教育学家李秉德认为，"教学方法是教学过程中，教师和学生为实现教学目的，完成教学任务而采取的教与学相互作用的活动方式的总称"。

受时代、社会背景和文化氛围的影响，不同时期的学者对"教学方法"的解释也不一样。但他们的解释都有着相同的特点：一是教学方法是教与学的二者结合，教与学是教学活动中师生互动的统一体，是师生双方共同完成教学活动的手段，是教学活动中师生双方的行为体系；二是教学方法是为教学目标、教学原则和教学内容服务而存在的；三是教学手段和教学方式在一般条件下来说是教学方法的表现形式。

（二）教学方法的作用

对于教学方法的作用，国际上一般存在着三种观点，一是教学方法的虚无主义者，认为教学法毫无实践意义；二是教学方法的盲目崇拜主义者，认为教学方法可以完全决定教学效果；三是教学方法的客观主义者，认为如果没有适合教材本质的，适合有生命、有思想、有感觉、正在发展中的人的本质的教学方法，一堂课就不可能获得成效。国际认同度比较高的是第三种观点，目前我国主要学者亦倾向于客观主义者的观点。

教学方法对完成教学任务、实现教学目标具有重大意义。当确定了教学目标，并有了相应的教学内容之后，就必须有富有成效的教学法，否则，完成教学任务的目的就要落空。由此可见，教学的成败在很大程度上取决于教师是否能妥善地选择教学方法。就历史课堂来说，知识的明确性、具体性、根据性、有效性、可信性都有赖于对教学方法的有效利用。

有的教师经常采用注入式的教学方法，课上照本宣科，不给学生独立思考与独立活动的机会，学生只是不断地记笔记，采取死记硬背的学习方法，缺乏主动性、独立性和创造性。这样的课堂本身就是一段痛苦的历程，这样的课堂永远不会提高学生对历史学科的感情与兴趣，更不可能培养出勇于思考、勇于探索、勇于创新的人才。同时，我们在现实教学中不难找到很多正面的例子，如一些学生因为喜欢听某位教师的课，从而变得喜欢这门学科，甚至在未来的岁月中影响到他的择业与人生发展。

此外，当前的中国社会正在发生着前所未有的巨大变化，科技的进步改变着我们的生活，改革开放在使我们的国家日益富强的同时也使我们与世界的交往越来越频繁。时代与社会都在变化，教育也应该不断地与时俱进，甚至应该走在社会发展的前方。作为一名历史教师，如何改善我们的教育教学方法，使之适应新时代发展的需要，是我们不得不思考的重大课题。研究和改进教学方法，在工作中少走弯路，用较少的时间、精力和物力取得最佳的教学效果，是具有重要意义的一环。

二、中学历史教学方法的分类

由于《普通教育学》或《教学论》中的一般教学方法对学科教学方法的指

引作用，学科教学方法在一定程度上难以摆脱一般教学方法的桎梏，两者的概念经常混淆。由于教学方法种类繁多，每种教学方法之间又千差万别，许多著作把不同类型和层次的教学概念混杂在一起，比如，既分别论述教学原则、教学组织形式和教学方法，又将启发式教学法、合作教学法、范例教学法、情境教学法等都归入"教学方法"之中。这是颇为值得商榷的，因为启发式教学法属于教学原则的范畴，而范例教学法、合作教学法、情境教学法等属于教学模式的范畴，他们是不同类型、不同层次的范畴。而中学历史教学方法，则是指教学过程中师生进行的一系列具体的活动形式，如讲述法、讲解法、谈话法等。美国教育家杜威（Dewey）曾经说过："一般教学方法只是教学的基本规范，只有与特定学科内容相结合，提出特定学科的教学方法，才能真正发挥教学方法的作用。"中学历史教学方法不应只局限于一般教学方法，因为有的一般教学方法并不适用于所有学科。

20世纪50年代以来，我国历史教育界就开始了对中学历史教学方法的探索，那时中学历史课堂常用的教学方法主要有问答法、谈话法、讨论法。改革开放以来，历史学术界继续秉承"百花齐放，百家争鸣"的文化方针，掀起了历史学术研究的一个又一个高潮，对于中学历史教学方法的研究也进入了繁荣时期。这一时期在传统教学方法的基础上又提出了图示教学法、三段式历史教学法、历史目标教学法等，据不完全统计，新时期涌现出来的历史教学方法有400余种。20世纪90年代后，对中学历史教学方法的研究有了质的突破，对其研究进入了更加理性、突出个性化发展的新阶段。由于不同的专家学者所采用的分类标准不同，至今在中学历史教学理论的研究中还没有哪一种关于教学方法的分类称得上是最权威的。关于历史教学方法的生成途径，陈志刚在《历史课程与教学论》一书中写道：一种是将教学论中的具有普遍意义的教学方法移植到历史教学中，一种是根据历史学科自身特点进行创制。现总结归纳出以下两种在历史教育界较为认可的教学方法的分类。

一是历史教育学教授于友西先生将中学历史教学方法分为讲述法、讲解法、讲读法、谈话法、图示法、演示法，并指出这些教学方法是中学历史教师所必须掌握的教学基本功，合理搭配与运用这些教学方法是上好一节生动历史课的有效保障；二是扬州大学教授朱煜先生认为历史教学方法应该有自己的创新之处。朱煜先生在基本教学方法的基础之上还探讨了具有历史学科特点的教学方法，如说故事、资料研习法、问题探究法、历史调查与访谈、编演历史剧、历史考察等。

三、中学历史教学方法设计的依据

（一）教学目标

教学目标在教学活动中具有指引方向的作用，它的确立是教学活动的首要环节，教学方法的确定不能脱离教学目标，目的是实现不同领域或不同层次的教学目标的有效达成。

（二）教学内容的特点

历史学科的内容涵盖面十分广，包括政治、经济、文化、科技等等，即使选取了其中一方面的其中一课，对待不同学年的学生，选取的教学方法也是不同的。举例来说，高中历史要求学生了解秦始皇和郡县制建立的史实，了解中国古代中央集权制度的形成及影响。但是在初中就不需要了解这么多，学生只需要知道秦始皇统一六国的史实并且了解统一的意义即可。

（三）学生特点

学生的学习特点直接制约着教师对教学方法的选择，这就要求教师能够科学而准确地对学生的情况进行分析，有针对性地选择和运用相应的教学方法。如果学生的学习能力比较强、思维比较活跃，教师就可以采用探究式的教学方法，若是学生能力稍弱，教师便可采用问题教学的方式，调动学生学习的积极性。

（四）教师个人的特点

教学设计的主要实施者是教师。新课程标准要求教师使用多种教学方法，组织丰富多彩的教学实践活动。但实际上，在现实的学习生活中，并不是选取的教学方法越多，教学效果就越好，教学方法只有和教师的风格相贴合，在实际的教学效果中才能事半功倍。所以，教师在选取教学方法时，要考虑自己的实际教学风格，选取适合自己的教学方法。

（五）教学环境

教学方法的选择要充分考虑教学环境，教学环境包括教学场所、教学设施、教学空间大小等因素。若授课班级学生人数较多，合作学习的教学方式操作起来就比较困难；教室的布置方式如果是秧田式，那学生就不方便进行小组合作；在没有配备多媒体的教室内，教师就只能选择最传统的教学方式……因此，教师在选取教学方法时，还要考虑教学环境，要在教学环境允许的情况下，尽可能地选择合适的、多样的教学方法，来丰富课堂教学。

第二节 中学历史课堂教学的常用方法

一、讲授法

（一）相关概念的界定

讲授法是教师使用声情并茂的语言来讲述历史知识的一种方法，这种方法有利于让学生了解历史事件的过程与内容，是应用最为广泛的教学方法。在讲述历史知识的过程中，教师还可以培养中学生的观察能力、想象能力、记忆能力以及思维能力等，同时教师的解释还可以使学生的思想受到启发。因此，讲授法既可以用来传授新知，也可以用来复习旧知。

（二）讲授法的分类

1. 讲述法

讲述法是教师依据历史教材，用生动形象的语言描述历史现象的发生、发展和结果，以帮助学生形成历史表象、提升历史思维、获得历史知识的一种教学方法。基于历史知识的"过去性"特点，讲述法在历史教学方法体系中占有重要地位。

讲述法又可分为叙述、描述和概述三种具体方式。

（1）叙述

叙述是指教师按照年代的先后顺序，对历史事件的发展过程和历史人物的主要活动进行有头有尾、有情节的具体讲述。这种方法适用于讲述多种历史知识点，如历史现象的发生和发展、重大历史事件的经过、典型历史人物的事迹等，叙述的程序是开端、发展、高潮、结局等。

在运用叙述时应注意以下几点。

一是叙述要系统。叙述历史过程要讲明事物发生、变化的时空范围，讲清人与事的来龙去脉及其内在联系，做到有头有尾、系统而完整。二是选材要典型。因为只有典型的材料才能揭示历史事物的本质特征，有助于教师把所要叙述的历史问题讲清讲透。三是语言要有感染力。讲述不同的历史事件和不同的历史人物，教师应采取不同的语调。叙述被压迫的劳动人民的悲惨生活时语调应低沉、压抑、愤懑，以表同情之心；叙述反抗压迫或抵御外来侵略的斗争时，语调应激昂、热烈、振奋，以表同忾之意；叙述人民群众或杰出人物时，语气应亲切、热情、褒扬，以表敬重之情；叙述反面人物和剥削阶级的劣迹时，语气则应有蔑视、卑弃、憎恶之感。教师爱憎分明，才能激发学生的好恶情感，起到思想教育的良好效果。

（2）描述

描述是对某一历史事件和历史人物的本质特征、情景、场合、地理环境、外貌形象或行为事迹进行绘声绘色、生动细致的讲述。描述如同电影的特写镜头一样，富有感染力，能引人入胜，其最大的特点便在于它的形象性和时代感。

运用描述时须注意以下几点：

①描述是一种用语言描绘的"特写镜头"，它应该用于叙述过程中的关键部分，如关键的人物、关键的器物、关键的情节等。

②描述时要抓住描述对象的特征，尤其是要抓住能反映描述对象本质的表象进行描述。

③在描述时还要多采用一些辅助手段，以增强描述的效果。

（3）概述

概述是对虽属于次要的但学生应了解的史实进行扼要概括的讲述。它用来勾勒历史的全貌和发展线索，使纷繁复杂的历史现象简明化。这种方法通常适用于对历史人物、历史事件、时代背景进行介绍，新旧知识的衔接和过渡，讲述教材内容的非重点部分等。

运用概述时条理要清楚、层次要分明、逻辑性要强、语言要简练。

在教学中，叙述、描述和概述常常是互相配合运用的，即在叙述中不可能没有描述，在描述时又首先要依靠叙述，而在叙述前后又往往需要运用概述。虽然三种方式在讲述时各有侧重，但目的都是帮助学生了解和掌握具体的历史事实，为进一步形成正确的历史概念创造条件。

2. 讲解法

讲解法是教师在讲授过程中运用客观理性的语言向学生解释、说明、分析、论证历史概念、历史规律、历史原因、历史特征的方法。运用讲解法教师在课前备课时就要深入透彻地研究教材，要使用含有历史学科特点的语言对历史教学的内容进行讲解。选择讲解的内容时要遵从学生学习发展的规律。讲解的速度要把握好，既不能过快，也不能过慢。教师在讲解过程中要对重难点进行详细的分析。课标中要求的难点、重点知识要着重讲解。不需要对所有的知识都做全方位的讲解，要把课堂交给学生，并给学生留出一定时间来理解吸收本节课的重点难点知识。讲解法在历史教学中主要是针对历史事实进行阐述分析。当教师不能很好地解释一些历史现象的内在联系时，就需要运用讲解法对它们进行分析说明。意识形态、政治经济、文化以及哲学观点等知识相对乏味，学习起来难度较大，学生难以自学，教师应对这些知识点进行简明的讲解，抓中心，找重点，以便于学生理解和掌握。教师在教学过程中，经常会将讲述和讲解这两种方法结合起来使用。

3. 讲读法

讲读法是教师在授课过程中安排个别或者整体的学生，以阅读的方式把教材或者事例表述出来，以此来达到教师讲述、讲解和学生阅读相互结合的目的。讲读法通常能强调和补充课堂内容，加深学生对知识的理解和掌握，与单纯的教学语言互补，使讲授内容更加鲜明生动。讲读法多用于语言课程中，其他学科也可以用到，尤其是史料较多的历史课。教师在讲读法的应用中要遵循适度原则，把握好使用该教学方法的时机和次数，如果运用不当，很容易造成教师一个人在那讲并把知识一味地灌输给学生，而对于学生理解掌握知识情况却并不了解的情况。除此之外，教师还需要重视对课本知识的延展和扩充，在平时多搜集与课本知识相关的材料，使讲读内容更加具有吸引力，提高学生的阅读活动兴趣。讲读法还需要和讲解法相配合，把讲读内容引入更深的层次，防止内容空洞浅薄。

4. 讲演法

讲演法是指对某些重要理论和复杂问题进行系统阐述和深入分析，从而得出科学结论和合理解释的讲授方法。它通过描述必要的事实来引出新知识，能够深层次地解释相关问题。但是讲演法花费的时间较长。在讲演式教学中，教师通过语言来讲演教材，帮助学生理解知识。教师的讲演是针对学生将要学习的内容来设计的，其目的是为学生提供学习材料并分析和解释材料。教师在课堂教学中使用讲演法可以同时将教学内容传授给所有听课的学生。讲演法多在教师教授的内容没有可以参考的书面材料的情况下使用，可以突出它的优势。因为在讲演过程中，教师可以提高学生的积极性，运用讲授和演示的方式向学生展现所要传授的基本内容。讲演法的主要优点是教师可以从学生的角度来概括出一节课的主体内容，还可以使用不同的词语来向学生表达相同的内容，方便学生理解记忆，加强师生之间的互动交流。

（三）讲授法的特点

1. 高效性

通过解释、分析、描述等教学方法，学生可以在很短的时间内学到很多科学知识。讲授法适合学生学习新知识时使用，教师通过讲授法可以在单位时间内传递给学生更多的知识，有着极为明显的优势。

2. 系统性

讲授法具有系统性的特点，通过教师的讲授学生可以获得系统的知识技能。教师通过课前的准备，在授课前形成系统化的理论知识体系，再通过课堂讲授将这些新知识层次分明地传授给学生。学生在听讲之后，记录的历史知识也是系统而有条理的。

3. 主导性

讲授法具有主导性的特点。教师在教学过程中占据着主导地位，是主要的信息传授者，学生是知识的接收者，学生主要通过听讲的方式学习知识。教师主导课堂教学，通过讲授活动保证大部分学生在短时间内能全面准确地掌握相关教学内容。教师在讲授中向学生提供大量学习资料，有利于学生接受和继承前人留下的历史文化遗产，培养学生爱国主义情怀。讲授法不受年级、学科、地域的限制，无论是在教学设备完善的城市学校还是在落后偏僻的山村学校，它都可以运用于每个年级和学科。教师在课堂上主要运用讲授法，用其他教学方法辅助，相互配合开展教学活动。

4. 启发性

讲授法具有启发学生积极思考的积极作用。在讲授教学中，教师结合学生的实际情况，以学生已有的知识储备为基础，对教材中的知识加以讲述、讲解，积极引导学生运用多种感官参与学习探索。通过教师启发性的教学，学生能掌握相应的历史知识、技能，明白其中的道理。教师在教学中要经常引用生活中的具体事例，启发学生主动探索事物的前因后果。

（四）讲授法的优缺点

讲授法有四个优点。第一，讲授法有利于大幅度提高课堂教学的效果和效率。讲授法具有两个特点，即通俗化和直接性。教师的讲授能使深奥、抽象的课本知识变成具体形象、浅显通俗的东西，从而减轻知识的神秘感和学生的畏难情绪，使学习真正成为轻松的事情。讲授法采取定论的形式直接向学生传递知识，避免了认识过程中许多不必要的曲折和困难。在现行的班级授课制里，采用讲授法能保证让大部分学生在短时间内学到数量最多的知识与技能。奥苏贝尔（Ausubel）曾说："学生获取大量整体的学科知识，主要是通过有意义的学习、设计适当的教材和讲授教学实现的。"第二，讲授法有利于帮助学生全面、深刻、准确地掌握教材，促进学生学科能力的全面发展。教材是中学生学习知识的一个主要依据，但是，由于教材的编写受到书面形式等因素的限制，对学生来说，不仅教材本身不易读懂，其所潜藏的内涵更是不易被发现。而教师能够全面、准确地领会教材的编写意图，吃透教材，挖掘教材的深邃内涵。所以，借助教师的系统讲授和透彻分析，学生才能比较准确地掌握教材。第三，讲授法有利于充分发挥教师的主导作用，使学生学到比教材上多得多的知识。任何真正有效的讲授都必定融入了教师自身的学识和修养。所以，讲授对教师来说，不仅是知识方法的输出，也是内心世界的展现。它潜移默化地影响、感染、熏陶着学生的心灵。第四，讲授法是其他教学方法的基础。从教的角度来看，任何方法都离不开教师的讲，其他各种方法在运用时都必须与教师的讲相结合，只有这样，其他各种方法才能充分发挥其价值。从学的角度来看，接受法也是学生学习的最基本的方法，其他各种学习方法大多建立在接受法的基础上。学生只有先学会听讲，才能潜移默化地把教师的教法内化为自己的学法，从而真正学会学习，掌握各种方法。

讲授法有四个缺点与局限。第一，讲授法容易使学生产生"假知"，从而导致知识与能力的脱节。教师运用讲授法，把现成的知识教给学生，往往会使学生产生一种错觉，即只要认真听讲就可以直接获得知识。然而，实际的情况是，学生听起来好像什么都明白，事后却又说不清，一遇到新问题就会手足无措。学生对于这种未经思考就能获得的知识掌握得并不好，更谈不上对其举一反三并加以迁移应用，从而促进能力的发展。事实上，学生对任何知识的真正掌握都必须建立在新旧知识的有机结合和自己独立思考的基础上。第二，讲授法容易使学生产生依赖和期待心理，从而抑制学生学习的独立性、主动性和创造性。讲授法源于传统的教师中心论，教师是知识的象征，一切知识得由教师传授给学生，所以这种方法也容易使教师产生重教轻学的思想。教师往往只考虑自己怎样才能讲得全面、细致、深刻、透彻，似乎只有这样，学生才能掌握得越多、越好。长此以往，教师会产生心理定式，学生也会在不知不觉间形成依赖心理，一切问题等待教师来讲解，严重地削弱了自身的学习主动性、独立性和创造性。第三，讲授法难以估计学生的个体差异，难以实现因材施教。学生在心理特征、认知水平、知识水平等方面存在着很大的差异。教师在运用讲授法进行教学时，所采取的是一种集体教学的方式，这种方式使教师无法观察到所有学生的接受情况。第四，教师讲授与学生活动之间的矛盾。教师在课堂上讲授的时间过长，必然会减少学生的活动时间，而学生在课堂上的活动时间减少，势必会影响学生探究能力的培养。

（五）讲授法的理论基础

1. 奥苏贝尔的有意义学习理论

奥苏贝尔是美国著名的心理学家，他提出了有意义学习理论。他认为有意义学习主要包括接受学习和发现学习。人们长时间以来认为接受学习是被动的，而发现学习是主动的、有意义的。因此，大家对接受学习褒贬不一。他认为儿童通过发现学习获得了各种生活经历，但是随着儿童年龄和智力的增加，就转变为以更简单的方式学习。儿童在学校进行接受学习，可以获得大量的知识技能，接受学习普遍被认为比发现学习更具有优势，接受学习也是最常见的课堂学习形式。每名教师都知道生动的语言在教学活动中更容易被儿童接受，任何解决问题的方法都需要特定的经验作为支柱。

奥苏贝尔认为与发现学习相比接受学习需要有更高水平的认知。接受学习被认为是一种有意识、有目的的积极的学习方式，它以语言为载体，远离特定的情境和教学对象。因此，接受学习被认为是比发现学习更先进的学习方法。奥苏贝尔认为接受学习和发现学习都很有可能是没有意义的机械学习方式。

表征学习、概念学习和命题学习是奥苏贝尔提出的有意义的三种接受学习形式。其中，奥苏贝尔认为概念学习是最重要的。儿童掌握知识技能必须通过自己动手操作来完成，这些知识技能都离不开儿童自己的现实生活。奥苏贝尔认为儿童在这一时期主要进行经验的获取，伴随着智力的发展，他们可以通过语言学习获得抽象复杂的知识，而不需要通过自身的探索来获得。这一概念被奥苏贝尔称为概念同化。

奥苏贝尔认为教育的主要目的是对已有概念进行讲授、分类和命题。因此，发现教学法不被认为是传授科学知识的好方法，讲授法是比发现教学法更合适的课堂教学方式。

2. 维果茨基关于讲授法的理论

苏联著名的心理学家维果茨基认为儿童的认知发展既不是通过自身探索取得的，也不是他们内在成熟的结果。儿童内在经验和自身的努力探索虽然很重要，但不会促使儿童取得很大的进步。儿童的发展要依靠学习文化知识，语言、文字、数学符号等都是十分重要的。从更宏观的角度来看，维果茨基的理论是人类心理学特别是人类的高级心理机能的研究。维果茨基认为，教学的主要任务是有计划地组织学生学习并掌握系统的知识技能，提高素质。儿童在现实生活中学到的只是一些简单的日常概念，在学校他们可以学习更全面的科学概念，了解掌握科学概念的难度要高于对日常概念的学习。经过研究，他发现儿童的日常概念是由更简单和更低级别的功能组成，而科学概念则由更复杂和更先进的功能组成。

教学是教师和儿童共同完成的，他们之间需要相互合作。维果茨基认为"概念形成的全过程，离不开教学过程中儿童与成年人的合作"。如果只是依靠自发的学习，儿童是很难了解和掌握相关知识技能的。所以，教师就变得非常重要。儿童可以在教师的帮助下完成自身难以完成的事情。通过教师与儿童这种特殊的合作，儿童的心理功能和科学概念领域的水平就会不断成熟和提高。正是因为有了教师的教导，儿童才能逐渐提高能力，了解和掌握系统的科学文化知识。

语言和符号是儿童与成人合作的中介。语言的功能很多，它最重要的作用是将学生的关注点和思想反映出来。教师在讲授过程中可以从概念、规则和原则等抽象概念开始讲起。当教师给学生讲授新课时，他会讲解本节课的知识点，向学生提出相应的问题，纠正学生在学习过程中出现的问题，并要求学生明白其中的道理。显而易见，在儿童与成人之间的特殊合作中，讲授教学离不开语言。

在维果茨基的研究中，教学是基于语言和文字来开展的。文字是语言的另一种形式，记录语言，也影响语言。语言的发展离不开文字。在课堂教学中，教师使用的教学语言是教师通过精心设计，用文字和符号组织而成的书面语言。儿童在学校通过学习逐渐学会使用符号的方法，形成他们自己的内部语言，最后形成书面语言。儿童的认知水平和个人能力也通过思考得到了提升。这是教师运用讲授法在远离教学对象和特定环境的情况下通过语言和文字符号完成的。随着儿童心理水平逐渐成熟，他们获取的知识技能也更加广泛。因此，我们要把讲授法进一步应用于教学中。

二、图示法

（一）图示法的概念

图示教学法（即图示法）是以简要符号、浓缩文字、数字、线条等构成逻辑鲜明的图文结构来表现历史信息、反映知识联系、构建知识框架、揭示历史发展过程的一种以图示意、以图导学的教学法。

要想更好地了解图示法，首先要对图示有所了解。从广义来看，图示包括历史地图、历史图片、图表、纲要信号图示多种类型；从狭义上来看，图示包含图表和纲要信号图示两种类型。本书中所提到的图示指狭义上的图示，主要包括图表和纲要信号图示两种类型。综合来看，通过梳理不同的划分标准，去除不符合时代发展的划分标准，总结图示的分类，可以从表现形式、呈现内容、教育心理学三个角度对图示进行分类。

第一，按照表现形式，可以将图示分为图表和纲要信号图示两种类型。

其一，图表。教科书中的图表主要包括大事年表、对照表和统计图表等类型。

①大事年表的特点是按年代顺序直线排列重大历史事件。在教科书中，大事年表不在正文中出现，只出现在附录部分，提取该册教科书中的重大历史事件，并将其按照时间顺序进行简洁明了的汇总。这种图表能有效概括某一时间段内发生的重大历史事件，有效帮助学生按照重大事件的时间顺序和因果联系以理解性记忆的方式学习历史，适用于复习课，学生可以以大事年表为线索回顾教材。

②对照表。对照表是教科书中常见的图表之一，常见于经济史和政治史中，用以表达不同国家或不同时间内的差异或变化。

③统计图表。统计图表包括统计图和统计表两种类型，统计图的主要表现形式有扇形图、柱状图、条状图等，统计表的主要以表格的存在。统计图表可以使历史数据更直观化，使学生对数据和数据对比的情况了如指掌。

其二，纲要信号图示。纲要信号图示最早由苏联教育家沙塔洛夫（shatalov）提出，我国学者又将其称为"信号示意"或"信号图示"，在实际历史教学中一般被称为"思维导图"。图示法在纲要信号教学法的基础上发展而来，覆盖范围更广。因此，纲要信号图示是图示的子集，它是一种运用文字、符号等形式来解释历史概念的图示类型。它的表现方式简洁直观，文字紧凑简练，通常以词组而非句子的形式存在。按照图示各要素间的组织关系，纲要信号图示可以分为以地理位置关系为基础的方位图示、以时间关系为基础的时间轴图示、以因果关系为基础的因果关系图示、以逻辑关系为基础的结构型图示及以总结概括为目的的总结型图示五种类型。

①方位图示。方位图示按照地理方位来体现历史内容。它是对地图的简化，相较于地图，更能突出重点。②时间轴图示。按年代顺序记述历史事实，反映历史发展的客观过程。时间轴图示将历史视为一个整体，是以时间轴为基础、以文字与符号为基本要素，用于解释历史事件的发展序列的图示。③因果关系图示。

因果关系图示是为了解释不同历史事件间的因果关系而设计的图示。新旧知识间的密切联系构成了双方的因果关系。④结构型图示。结构型图示是为了解释历史上某一时期采取的政策或某一历史概念的结构而设计的，重点在于解释其结构。⑤总结型图示。总结型图示以列举的形式对某一历史事件的原因、内容、影响等知识点或数个历史事件的要点进行简单罗列，这种图示设计简单，逻辑性较弱，常用于课堂小结环节，在课堂教学中比较常见。

第二，按照图示呈现的内容范围划分，可以将图示划分单一概念图示和系列图示两种类型。

①单一概念图示。就图示所呈现的内容而言，单一概念图示所呈现的内容包含一个历史事件或一个单一概念。它所呈现的内容涵盖范围小，图示凝练充实。

②系列图示。系列图示又可以分为简单系列图示和综合系列图示。简单系列图示是对几个历史事件或一个历史时期的几个概念的相互关系的体现。它能够体现出几个历史概念或历史事件之间的相互联系，逻辑性强，以图示的方式呈现出历史概念间的关联性，直观体现出历史事件之间的纵横关系。

第三，从教育心理学的角度，图示可以分为感知和表象阶段的图示及思维推理阶段的图示。

①感知和表象阶段的图示。感知和表象阶段的图示又叫模象图示，模象是指实际事物的模型和图像。这种类型的图示给学生以直观感受，但仅停留在感知阶段，对于事物发展的规律和本质则未体现，在教材中也比较常见。

②思维推理阶段的图示。思维推理阶段的图示又叫概念图示或概念系列图示。学生需要通过逻辑思维运算才能理解的复杂概念是教学难点，教学中可采用制作概念图示的方式使复杂概念简单化，加深理解。概念图示可分为结构型概念图示和体系型概念图示，前者用于描述一个概念的结构，如一次战役、一项政策等历史事件的起始时间、背景、过程、影响等。

（二）图示法的理论依据

1. 脑科学理论

研究发现，人脑左、右两半球的功能是不同的。左半球侧重于抽象思维，如语言、逻辑、分析、判断等；右半球侧重于形象思维，对空间、艺术和直觉活动较为敏感。人类的认识是两半球协同活动的结果。大脑在执行任务指令时，若只有一个半球对信息起支配反应，就会减退另一个半球的功能。图示教学法则正好能同时发挥左、右两半球的功能，将语言表述、图形和逻辑结构充分结合，促使学生同时运用抽象思维和形象思维处理信息，在促进学生大脑发育的同时也极大地提高了学习效率。

2. 结构主义教学理论

美国教育学家杰罗姆·布鲁纳（Jerome Bruner）认为，"知识是有结构的，无论我们教什么学科，务必使学生理解该学科的基本结构"。图示即结构的基本表现形式。教师利用符号、文字、数字、线条等将大量文字材料精简成条理分明的图示，将每课、每单元甚至整本教材的知识结构直观地呈现出来，使繁杂的教材内容变得简单明了，这样不仅能够促进学生对教材知识的全面掌握，也有利于学生认知结构的发展和知识迁移，从而上升到对学科知识的整体认识。

3. 建构主义学习理论

瑞士教育学家让·皮亚杰（Jean Piaget）认为，学习是知识建构的过程，是学习者"主动获取知识，并将新旧知识进行整合以最终完成意义构建的过程"。学生解析、绘制图示的过程，即学生主动将已有的旧知识与新知识紧密联系起来的过程。学生在旧知识的基础上将新旧知识有机整合，不但能在构建图示中进一步巩固旧知、发展新知，还能培养分析、归纳、综合的能力，发展抽象、理性思维，深化对历史知识内在结构的认识。

（三）图示法的特点

1. 直观性与形象性相统一

图示具有传递信息、交流思想的功能，可以简化语言，更直观地表现知识概念的本质特征。直观性是图示法最鲜明的特征，它通过符号、文字等要素，将抽象的历史概念转化为直观的、形象的图示构造，将枯燥的教材知识改造为学生更容易接受的、直接的视觉刺激，提高学生学习历史、探究历史、掌握知识的热情与积极性。兴趣是学生最好的老师，直观生动的图示可以促使学生深入了解历史，加深印象。

2. 系统性与逻辑性结合

逻辑性是图示法的内在特征，教师要想将历史知识间的内在关系转化为图示，必须依据其逻辑关系。在课堂小结环节中，教师按其逻辑性和实践线索，将多个历史概念和零散的历史知识紧密结合，使教学系统以整体的形式存在，内部以逻辑性相连接，因此图示法将系统性与逻辑性结合，协同发挥作用。

3. 科学性与艺术性并存

科学准确是图示设计的第一要义。科学性是指图示所揭示的历史事物之间的逻辑关系必须是正确无误的。图示设计的首要前提是科学准确，不合逻辑、不科学的图示就没有存在的意义。教师要根据课程标准的要求选择教材内容，将其设计为图示，作为一种教学方法，教师教是为了学生更好地学，不科学的图示就谈不上促进学生学习，甚至会对学生产生错误的引导，因此图示首先要科学合理，经得起反复推敲，历史知识与知识间的逻辑关系务必准确。

图示的设计在科学性的基础上，追求简洁明了。累赘的图示纷繁复杂，不仅不美观，而且带来更多的思维运算，降低教学效率。而简洁的设计不只是为了带给学生美的体验，更是为了使逻辑关系更加清晰，让学生理解知识间的内在联系。

因此，在保证图示科学性的基础上，教师需要进一步简化图示的逻辑关系，带给学生艺术美的体验，丰富审美情趣，提高效率。

（四）图示法的教学价值

1. 提高兴趣，主动学习

根据皮亚杰的认知发展阶段论，中学生进入形式运算阶段后，能够对抽象的命题进行逻辑转换，能够采用逻辑推理、归纳或演绎的方式解决问题。但这种抽象能力和理性思维仍处于初级阶段，课堂教学不能完全以逻辑推理、归纳的方式进行，教师需要顺应学生认知发展的特点，提高历史教学的趣味性。

图示的类型多样，能够带给学生新奇的体验，符合学生的求知欲和中学生心理认知特点，用于导入能够为这一课的学习开好头，调动学生的主观能动性，缓解知识的复杂性所带来的枯燥感，加深学生对历史的喜爱程度，使其发挥能动性、主动性和创造性。

2. 提高效率，突出重点

图示中的文字一般以词组的形式存在，教师根据教学重点，将教材中的完整信息浓缩为词组，设计成图示，能够突出教学重点。统编版教材内容丰富且容量大，使用单一的讲述法，学生难以完整接收全部信息。研究表明，人们通过听觉所获得的知识能够记住 15%，通过视觉所获得的知识能够记住 25%，视听结合起来可以记住 65%，因此教学中可以采用讲述法与图示法相结合的方式，将语言带来的听觉感受与图示带来的视觉感受相结合，更符合记忆的规律。教师所板书的图示保留了教材内容的精华，再加上教师的讲述可以将教材内容的重点表达出来，主次分明，重点突出，起到提纲挈领的作用。

3. 化难为易, 聚焦难点

概念图示能够将复杂的历史概念转化为图示, 抽象的文字表述需要很长的篇幅才能够解释清楚, 而图示更为直观, 不仅能给教学增加趣味性, 还符合学生认知发展的规律, 就教学效果而言, 图示传递信息的效率更高, 更容易被学生接受。例如, 用语言文字解释推恩令, 教师可以解释为王国依次递封, 诸侯王封地越来越小, 诸侯国力量层层递减。对学生而言, 语言传递的信息仍较为模糊, 不能透彻理解。但如果以图示的形式表示推恩令, 就能一目了然。教师可以将诸侯王的封地假设为一块完整的圆, 推恩令实施前, 诸侯王将完整的封地交给嫡长子, 推恩令实施后, 诸侯将封地进行切割, 这就导致诸侯王的封地不断减小, 其力量也逐渐减弱, 因此不能威胁到中央政权。

4. 开发能力, 关注成长

第一, 图示法的运用有利于培养学生的逻辑思维能力。图示法的鲜明特点在于它的逻辑性, 结构图示中的方位、符号的大小方向都必须符合史实, 如三国鼎立的方位图示中, 魏、蜀、吴三国的位置都是遵照史实确定的, 三者的方位要以三国鼎立形势图为基础, 按照严密的逻辑进行设计。在复习课中, 单元小结图示的梳理可以由学生独立完成, 锻炼其思考和解决问题的能力。教师对图示的讲解也可以按照其内在逻辑进行。逻辑性强且科学有效的图示, 有利于教学效率的提高, 有助于高效快捷地完成教学任务。作为课后巩固复习的方式之一, 教师还可以将图示的制作作为课后作业, 巩固学习成果。综合而言, 学生能在理解图示与设计图示的过程中, 可以锻炼自身的思维能力, 推动教学工作的完成。第二, 培养学生的创新能力。学生不是接收知识的容器, 而是知识的学习者, 图示的设计和理解需要学生独立思考, 开动脑筋, 深入思考, 发挥自身的创造力。在教学实践中, 教师可以将设计图示作为课前预习的一项内容, 学生经过独立思考完成图示设计, 加深对历史概念的掌握, 提高独立思考的能力和创造力。

三、讨论法

(一) 讨论法的概念及作用

讨论法是一种传统的教学方法, 是指在教师的引导、组织、参与下, 由两个或两个以上的学生组成小组, 然后就某一个历史问题进行分享与讨论; 在这个小组活动中, 学生可以就这个历史问题的解决方法进行相互批判, 通过辩证分析获取知识, 形成历史认识。讨论的作用主要包括四个方面: ①讨论法可以帮助参与讨论的学生对正在思考的论题形成更加具有批判性的理解。②讨论法可以提高学生的自我意识以及自我批判的能力。③讨论法可以提高参与讨论的学生对不断出现的不同观点进行正确批判的能力。④讨论法帮助参与讨论的学生理解外界世界的变化。

（二）讨论法的分类

1. 对话式讨论

对话式讨论即师生之间的问答式讨论，是通过师生之间一问一答，引导学生通过独立思考获取新知识的一种讨论方式。师生在这种教学模式中处于平等地位，一改传统"师高生低"的状况。在讨论时，学生在教师的引导下，能够快速掌握教师提出的相关知识，更加高效地解决问题，节省教学时间。对于学生来说，能够促进其身心发展。当学生回答出问题时，会有很大的满足感和成就感，有利于提升学生的自信心，提高学生学习历史的积极性。对于教师来说，该讨论模式能够快速发现该学生存在的问题。

对话式讨论适用于难度较小、没有争议的问题。但该讨论模式不能兼顾所有学生，只能让少数学生参与讨论，因此不能充分发挥全体学生的主体作用。

2. 小组式讨论

小组式讨论是学生在教师的引导和组织下划分成几个小组，根据教师给出的问题相互交流，发表自己的看法，进行研讨的一种教学方法。小组式讨论在讨论式教学中使用频率最高。因为它很容易形成讨论氛围，讨论规模小，学生能够充分发言，教师容易组织与指导。学生在讨论中更有目的性，能够快速抓住讨论问题的中心点、解决问题并掌握相关知识。小组式讨论与全班式讨论都强调合作学习。但小组讨论时学生合作意识更强，学生以组为单位，组内成员更加团结。因此我们可以说，小组讨论更能培养学生的集体意识和团结协作意识。

小组式讨论适合有难度、有深度的问题。小组讨论人员较少，所以分工明确。花费的时间比全班式讨论更少，利于教师掌控，教师在讨论过程中可对学生进行针对性指导。但小组讨论也有其缺点，如果小组范围太大，学生发言的机会就会减少，容易造成被少数成员把持的局面。所以小组人数最好控制在6～8人。

3. 全班式讨论

与对话式讨论和小组式讨论相比，全班式讨论参与人数最多。这种讨论方式是全班学生在教师的引导和组织下对某些问题发表看法，表达意见，进行研讨的教学方法。在全班式讨论教学模式下，每个学生都能参与讨论，大胆发表观点，这样得出的答案更加全面，结论更加具体。在讨论过程中每一位学生都有平等的发言机会，课堂讨论气氛更加和谐，有利于激发学生的创造性思维，提高学生的创新能力。学习中难免会遇到困难，学生通过讨论既能解决问题，还能加深对该问题的理解。由于讨论氛围更加热烈，全班式讨论让学生更有勇气说出自己的看法，学生的语言表达能力和耐心在讨论过程中得到锻炼。学会合作是青少年成长中的必备品质。全班式讨论让学生个体和大多数学生形成合作关系，想要解决问题就必须团结协作，因此全班式讨论对于学生成长具有重要意义。

全班式讨论适合难度适中、开放性较强的问题。全班式讨论运用得好，可以极大提高学生的学习积极性，让学生体验到学习的快乐。但这种讨论模式参与人数太多，学生达成共识所需时间较长，不能保证每个学生都有和老师互动的机会。因此，教师要具有非常强的设计、组织与管理能力才能运用好全班式讨论模式。

（三）讨论法的特征

1. 开放性

讨论法本身就是一种开放的教学方法。首先，讨论的问题是开放的。教师可以让学生以课程标准或教材为依据，围绕本课重难点内容展开讨论，讨论的问题可以是现实生活中的种种现象，也可以是学生感兴趣的问题，只要符合学生学情与该课教学目标都可以拿来讨论。其次，学生思维是开放的。在讨论式教学过程中，学生思维不受限制，大家畅所欲言，大胆表达想法，哪怕有争议的话题也可以讨论，因此，更能培养学生的创造性思维。最后，评价方式是开放的。评价方式不仅仅包括教师评价，还有同学评价和学生自我评价。而且在评价时，允许有不同意见，教师也不会强迫学生统一观点。由此可以看出评价方式也是多元的。开放的评价方式有利于营造民主讨论的氛围，让学生在讨论中"敢言"。在这种开放的氛围下，学生能够以愉悦放松的心情投入课堂教学活动中，逐渐大胆交流，激发历史思维。

2. 自主性

讨论式课堂使学生从被动学习知识到主动学习知识，由"学会"转变为"会学"。讨论法倡导在教师适当引导下，学生自主学习。准备过程中，学生是自主的。在这一阶段，学生带着老师所给的问题自主查阅资料，为讨论做准备。查阅资料的方式很多，如网上查阅、图书馆查阅等。无论哪种查阅方式，学生都须自主完成。讨论过程中，学生是自主的。学生以自己为中心，与同学交流自己对于某问题的看法，能够发挥自己的主动性和积极性。学生为探寻问题的答案，积极思考，认真听取其他同学的意见，主动与同学交流合作。教师在其中承担客体的角色，学生才是主体。在讨论式课堂中，学生需要在传授者与学习者两种角色之间转换，向小组成员表达看法、传递思想时，充当知识传授者；听取别人发言时，充当学习者。

3. 平等性

以小组讨论为例，该模式充分尊重每个学生的主体性，使学生充分发言。在小组讨论过程中，参加讨论的每个学生都有表达见解的机会。学生在准备自己发言的同时也要听取他人发言，并且汲取他人精华，整合自己观点，最后形成相对正确的结论，达到共同进步的效果。讨论时学生既要尊重差异性，又要客观公正地相互批评指正。没有谁可以优先占有有利地位，除讨论时所必需的威严之外不存在任何威信，这样有利于创设民主讨论氛围。在平等教学氛围下有利于进行真正的思想交流，所学到的知识也会更加深刻。

（四）讨论法的应用原则

1. 全体性原则

在运用讨论法进行教学的过程当中，必须遵循全体性原则，也就是说全体学生和教师都要参与到课堂问题的讨论中来。传统的教学方法强调的是教师的教，注重灌输式的教育，忽视了学生的感受，从而导致学生的参与度不高，教学气氛不够热烈，死气沉沉，教学质量和教学效率自然也就下降了许多。教师使用讨论法进行教学，在方法使用得当的情况下，能够提升学生的学习积极性和学习热情，从而促使全体学生参与到课堂讨论中来。使用讨论法，首先，教师必须把事先准备好的讨论题目提前告知学生，从而让学生在心理和生理上都有所准备，学生在准备讨论内容的过程中，会依据自身的实际情况和自己的兴趣爱好来查找相关资料，从而能够让学生产生良好的情感体验，让学生想去学，渴望去学。其次，教师设计的讨论问题一定要合理，难度要适中，要依据教材的内容和课程标准的要求来设计。问题设计得合理，自然就能够激发学生的学习动机，也就能够提升教学的效率。

2. 平等性原则

在使用讨论法进行教学的过程当中，教师必须和学生处于平等的地位，这是构建新型和谐师生关系的基础，新型的师生关系是师生心理相容、师生平等、教学相长、尊师爱生的和谐关系。而在使用讨论法的过程当中更要注意双方的地位是平等的。在实际的课堂讨论过程当中，教师不再是一个领导者，而是一个引领者，学生也不再是课堂的附属品，而是真正成了课堂的主人翁。教师在和学生对话的过程中，要注意平等性原则，对话是一个讨论的过程，而不是一个传授知识的过程。

3. 实效性原则

每一节课程都有它的重难点，每一堂课也有它的教学目标，在让学生掌握本节课的系统知识、突破本节课的重难点之后，也必须让学生学会学习的方法，讨论法的运用也不例外。然而在实际的教学过程当中，一部分教师对教学方法的运用不当，导致整堂课都流于表面，整堂课下来只剩下热烈的课堂讨论，然而教师却没有达成教学目标，学生没有掌握课程内容，那么最终这样的一堂课还是避免不了失败的结果。因此，在实际的教学过程当中，教师不能只注重表面的功夫而忽视实质性的内容。例如，在学习高中人教版必修三第 7 课《启蒙运动》的，采用讨论法进行教学，在实际教学过程中，教师必须让学生掌握伏尔泰（Voltaire）、孟德斯鸠（Montesquieu）、卢梭（Rousseau）等伟大启蒙思想家的主张，同时也应该让学生理解启蒙运动兴起的背景并分析启蒙思想的巨大影响。整个教学过程要热闹，同时教学也要有时效性。

4. 秩序性原则

在传统班级授课制模式中，教师占主导地位，整个教学也主要是教师的讲授过程，因此教师对课堂秩序的管控相对比较容易。然而，在应用讨论法的课堂中，讨论法自身的特点使得课堂秩序的管理相较于传统的讲授法要困难许多。比如，运用讨论法进行教学，必须调整学生的座次，学生在改换座位之后，难免会出现情绪激动的情况，这样就容易产生纪律问题。在实际的讨论过程当中，由于注意力的分散，学生往往将讨论的话题转移到与课堂讨论内容无关的话题中去，从而影响教学效率和教学秩序。教师必须在课堂讨论的过程当中，对课堂秩序做出有效的监控，以维护课堂的正常教学秩序。这对于整体把握一堂课的节奏是极其重要的。

（五）讨论法的理论基础

1. 建构主义学习理论

受皮亚杰等人的影响，20世纪90年代在美国兴起的建构主义学习观对学习做了新的解释，有人统计出现了六种不同倾向的建构主义，即激进建构主义、社会性建构主义、社会文化认知的观点、信息加工的建构主义、社会性建构论和控制论的观点。建构主义虽然有六种不同的倾向，但在具体的知识、学习过程、学习者方面还是有挺多共识的。第一，在知识方面，建构主义认为知识并不是永远都不变的，知识也并不永远是准确无误的教条，知识是在不断地变化发展的。第二，在学习过程方面，他们的观点是，学生的学习并不是通过外界的刺激来被动地学习知识，而是学生根据自己原有的知识经验，通过自己的智慧对所接触到的知识和信息进行整理加工从而重新构建起新知识的过程。此时原有的经验就会因为新知识的加入而发生调整和改变。第三，关于学习者，建构主义认为，学生并不是带着一个空空的脑袋进入教室的，在学习者原有的生活中，他有他自己的学习、生活以及交往等各种活动。

在讨论教学的过程中，无论是全程式讨论还是穿插式讨论都是由教师提出问题，学生通过各种途径查资料或者教师提供相应的资料，然后学生们根据自己原来掌握的知识对新接触的知识进行推敲，通过讨论和教师的指导，再对自己以前的思考内容进行整合建构，就形成了新的应掌握的知识。以《走向大一统的秦汉政治》为例，教师可以在课堂上给同学们提出问题："为什么秦国可以完成统一大业？"在这个问题的情境之中，教师并没有给出自己的观点，而是让同学们去采取各种方法来寻找自己认为最符合条件的论据，并且在这其中也包含了学生个人对这个历史事件的一些看法。通过交流辨析和老师的点评引导，同学们最后得出的结论是最合适的答案。

2. 人本主义学习理论

人本主义的主要代表人物为罗杰斯和奥苏贝尔。人本主义学习理论更是强调以学生为本，关注的是学生自身的兴趣、价值和学习进程。讨论教学法的应用过程充分体现了以人为本的原则，在课堂上学生可以自由讨论，自由发表自己的看法。

人本主义的一些具体的学习方法非常有利于学生学习。第一，同伴教学，通过同伴之间的互相交流来掌握自己要学习的知识。第二，分组学习，通过小组成员之间的交流讨论来学习。第三，探究训练，目的是让学生体验到科学是一个不断变化的领域。讨论教学法充分体现了人本主义这一理论。人本主义强调以学生为本，首先强调的是兴趣，运用讨论教学法的课堂，改变了传统课堂死气沉沉的局面，宽松自由的课堂氛围正是学生所喜欢的，教师对于问题情境的构建、提供的学习资源和学习环境等都体现了以学生为本。

3. 行为主义理论

此理论是 20 世纪初美国心理学家华生（Watson）创立的。用这一理论观点解释学习过程的主要代表人物有桑代克（Thorndike）、巴普洛夫（Ivan Pavlov）、斯金纳（Skinner）和班杜拉（Bandura）等。其中桑代克的理论在学习的过程中应用的比较多。他认为："学习是在盲目尝试与错误中进行的，在重复尝试中，错误的反应逐渐摒除，正确的反应逐渐增加，最后形成固定的刺激反应联结，获得成功。"所谓联结就是指某个情境仅能引起某些反应的倾向。

总体来看，几乎所有的行为主义都强调联结和强化在学习中的作用，他们把环境看作刺激，把有机体的行为看作反应，因而他们关注的是环境在个体学习中的作用，学习者学到什么，是由环境控制的，而不是由个体决定的。

在运用讨论教学法的课堂中，整个课堂的环境和以前的课堂是不同的，整个课堂的氛围是自由宽松的，学生们在教师的指导下自由地交流探讨知识，在这种环境下学生可以充分发挥潜能，自主地对接触到的知识进行加工和处理，所以这种环境的刺激对学生的学习是非常有益处的。学生能够很放松地在这种课堂里和同学及老师交流信息，在这种环境中学生们才能充分地表达自己的看法。

4. 认知主义学习理论

认知主义学习理论的代表人物主要有美国的心理学家布鲁纳和奥苏贝尔。布鲁纳认为，首先，从学习的过程看，学习是获得、改造、适当的经验的混合。这些形成了个体知识的能动状态。其次，他认为知识的获得过程是受学生强烈的认知需求驱使的积极过程。最后，在学习的方式上，他倡导积极主动地发现学习。奥苏贝尔倡导有意义的学习，对我国的影响是非常大的，尤其是对于我们的新课改，对于我们反思传统的教学意义的影响是非常大的。

讨论教学法无论是与布鲁纳的发现式的学习过程还是与奥苏贝尔倡导的有意义的学习都是不谋而合的。在运用讨论教学法的课堂中，教师提出问题，然后同学们自己去查找文献，搜集资料，自己发现答案，再与同学们和老师们进行交流，最后形成最新的认识。在整个过程中，充分体现了布鲁纳的发现学习和奥苏贝尔的有意义的学习理论。

第三节 中学历史课堂教学方法的设计

一、讲授法在中学历史课堂中的设计

以普通高中历史教科书《中外历史纲要·（上）》第七课《隋唐制度的变化与创新》为例，通过讲授中央官制这一选官制度，突出制度的继承与变化。围绕教学目标和教学内容，结合学情分析，对在五大核心素养培养要求下的中学历史教学如何应用讲授法进行了教学探索和实践，本课的教学过程设计如下。

（一）新课导入

通过多媒体呈现 2016 年 4 月中共中央总书记、国家主席习近平来安徽考察并在中国科学技术大学发表重要讲话的片段。这一新课导入的意图在于以国家领导人关于"创新"一词的讲话为切入点导入本课，强调变化与创新对于民族发展、国家建设的重要意义，以党和国家对创新的高度重视（态度）引起学生的关注，使之意识到青年一代的使命担当。

（二）新课教授——中央官制

①学生对教师呈现的三公九卿制、中外朝制度的示意图进行回顾，并主动回答三公九卿制和中外朝制度的相关内容。

②学生自主阅读教科书，了解三省六部制的沿革发展情况和唐朝时期三省与六部的职权。

③学生阅读三省六部制职权划分图和文言史料《朱子语类》内容节选，梳理三省之间的职权分工情况。教师组织情景再现活动：由教师扮演门下省长官，由学生扮演皇帝、中书省长官、尚书省长官等角色，共同再现唐朝政府拟在长安城内修建一座楼阁所经过的决策环节。

④教师呈现关于政事堂的文言史料《中书政事堂记》内容节选，讲解政事堂的作用。

教师讲授：简单来说，凡是参与政事堂议事的大臣要以国家大事为重，不可以掺杂个人恩怨，必须因公废私。不论是皇帝的个人旨意还是大臣们的共同商议，都需要经过集体讨论，政事堂就可以避免皇帝独断专权，也可以统一三省的意见，从而提高政府的办事效率，使得三省出现一体化趋势。

⑤学生阅读并分析教师提供的关于三省六部制作用的文言史料《贞观政要》卷一的内容节选，教师对学生的回答做出评价，对三省六部制的作用进行总结。

⑥教师以启发性的语言引导学生对三公九卿制、中外朝制、三省六部制的权力结构进行分析，归纳中国古代中央官制的发展趋势。

上述教学设计的意图在于以下四个方面：第一，学生在第一单元已经学习了秦朝实行的三公九卿制和汉朝实行的中外朝制，教师呈现这两项中央官制的目的在于引导学生积极回顾之前学习的秦汉时期实行的选官制度，达到温故而知新的效果，并形成中国古代中央官制的完整知识架构。第二，教科书中对三省六部制的沿革发展情况介绍得较详细，学生能够通过自主阅读掌握相关知识，但是三省六部制的职权分工较为复杂，教师可向学生呈现三省六部制的分工程序图并提供一则史料帮助学生理解。为了确保学生对该内容的理解，教师可创设情境鼓励学生扮演皇帝、大臣等角色，力图做到"寓学习于游戏"。第三，教科书中虽提到了政事堂，但未曾介绍其职责作用，故而教师需呈现一则有关政事堂的文言史料，因史料是古文且篇幅略长，为节约课堂时间，教师须简要总结史料内容并阐释政事堂的作用，目的在于丰富学生的知识储备，对隋唐时期的中枢政务机构有简单的了解。三省六部制的影响是本课的重点内容之一，教师可呈现一则较短的文言史料，让学生自行研读并从史料中获取关键信息，以增强学生的实证意识和从史料中提取有效信息的能力。第四，考虑到学生已经学习过秦汉至隋唐时期的中枢政务机构，教师需要通过启发性的语言讲解，帮助学生发现中央官制在不同时期的变化与创新之处，意识到中央官制在秦朝至隋唐几百年中不是一成不变的，每个阶段都会发生改变，从而使学生树立时空观念和唯物主义历史观。

（三）课堂小结

教师讲授：通过学习，我们可以看出新制度不是凭空产生的，制度的出现与当时的社会经济、政治、人口等有着密切的关系，是特定时代的产物，正是因为旧有制度不足以适应时代的变化，所以旧制度被新制度取而代之。比如，门阀士族的衰落导致九品中正制无法继续发展，科举制应运而生。另外，新制度又是在原有制度的基础上发展创新的，比如，租庸调制就是在魏晋时期租调制的基础上产生的，是租调制的延续和发展，而隋唐时期的制度助推着隋唐盛世的出现。当代中国实行的是中国特色社会主义制度，以其制度优势和力量助推中国的繁荣和强盛。因此，新时代的青少年学生，必须树立中国特色社会主义的制度自信。

教师补充：中国特色社会主义制度自信是中国特色社会主义"四个自信"之一，对当代中国的发展进步起到保障作用，其内涵广泛，包括中国特色社会主义根本政治制度、基本政治制度、基本经济制度等，在后期的政治和历史课堂中，同学们将会进行更深入的学习。

二、图示法在中学历史课堂中的设计

为了检验图示法在初中历史教学中的应用价值，本书以统编版教科书《中国历史》第三册第9课《辛亥革命》为例，结合图示法进行教学设计。

（一）导入新课

教师导入：钟南山院士曾在新闻采访中讲到："武汉本是一座英雄的城市。"钟院士为何这样讲呢？这就与我们本课所讲的辛亥革命息息相关。辛亥革命是怎样发生的？革命党人都付出了哪些努力？

设计意图：从生活出发，通过新闻媒体报道和学生了解的热点事件，引出辛亥革命，激发学生学习的兴趣和探究的好奇心。

（二）新课讲授

环节一：借助时间轴图示，阐释辛亥革命的内涵。

教师活动：以"大家所理解的辛亥革命是一件怎样的历史事件"设问，要求学生结合课前预习的内容，思考这一问题。

学生活动：各抒己见，阐述自己的观点。

教师活动：教师引导并总结学生的观点，出示时间轴图示，阐述辛亥革命的广义与狭义之分。狭义上讲，1911年武昌起义发生于旧历辛亥年，故称辛亥革命。广义上讲，辛亥革命是指以孙中山为首的资产阶级革命派为推翻清王朝、建立资产阶级共和国的全过程。本课所讲的辛亥革命主要是狭义的辛亥革命。

设计意图：首先进行概念界定，运用时间轴图示，理清广义上的辛亥革命和狭义上的辛亥革命的区别与联系，为后续的教学工作打好基础。

环节二：运用地图，使学生了解革命党人发起武装起义的地理位置。

教师过渡：1911年武昌起义爆发，然而这并非革命党人发起的第一次武装起义，武昌起义成功之前，革命党人也发动了四次武装起义。请同学们结合上述地图，自主学习阅读教材和地图，在地图中指出四次起义的发生地。通过地图，你发现武装起义布局有何特点？学生各抒己见，教师进行观点总结，通过分析地图中的信息，可知武装起义的主要分布范围和行进路线。教师引导学生总结出武装起义的布局具有两大特点：一是地处华南沿海地区，易得到海外饷械的接济；二是先夺取两广为根据地，然后挥师北上。

设计意图：使学生通过自主学习初步认识武昌起义的发展过程，以此来发展学生的时空观念。

环节三：了解革命志士的英雄事迹。

教师过渡：世界潮流，浩浩荡荡，顺之者昌，逆之者亡。面对越来越严峻的民族危机，面对强大的清王朝，孙中山等人始终不惧，坚持革命理想。但实现革命理想的道路何其艰难，为了实现推翻清王朝、建立民国的革命理想，革命志士们舍生忘死，贡献了自己全身的力量。下面我们走进革命志士，了解他们为革命做出了哪些贡献，如表 5-1 所示。

表 5-1　革命志士英雄事迹

起义名称	时间	地点	人物	结果
萍浏醴起义				
安庆起义				
镇南关起义				
广州黄花岗起义				

教师活动：结合教材，完成表格，并设问"观察上表，说出起义有何共同之处"。

学生回答：结果都以失败告终。

教师活动：肯定学生观点，结合表格理清思路，总结四次起义的共同点，并为后续依次讲解起义的具体事迹奠定基础。

教师总结：四次起义虽都以失败而告终，但这些起义都壮大了同盟会的声望，其英雄事迹深刻地鼓舞了人民的斗志，为后续武昌起义的胜利奠定了基础。

设计意图：借助表格，锻炼学生提取材料关键信息的能力，提升其读图能力。

（三）巩固提升

教师总结：对本节主要内容进行归纳，本节以武昌起义前革命志士的奋斗为中心，主要包括萍浏醴起义等四次起义，为武昌起义的胜利打下了基础，如图 5-1 所示。

设计意图：结合图示，重温本节中革命志士的英雄事迹及四次起义的影响，加深理解。

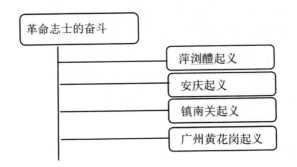

图 5-1 革命志士的奋斗

（四）课后作业

教师活动：布置课后作业，要求学生利用网络资源，查阅关于革命党人事迹的资料，讲一个关于革命党人英雄事迹的故事。

设计意图：通过主动搜集资料，发挥积极性，深入了解革命党人背后的故事，陶冶情操。

三、讨论法在中学历史课堂中的设计

经过一系列的分析总结发现，讨论法在中学历史教学中有着很重要的意义，本节将运用讨论法对人教版高中历史必修二第 28 课《世界经济的全球化趋势》第一幕"经济向全球化发展"进行讲解，下面是运用的具体过程。

（一）讨论前

1. 确定讨论的题目

在本节课中，教材先从历史的角度就经济全球化的原因进行了阐述。对于经济全球化的原因，在引导学生自学（答案在课本上都有，学生认真阅读课本即可总结出来）的同时，还要让学生明白经济全球化是不可阻挡的，相应地也就会产生很多影响。对于经济全球化的影响，在这里需要让学生重点明白经济全球化具有双重影响，因此就将本次讨论的题目确定为"经济全球是福还是祸"，以便让学生更好地明白经济全球化的双重影响，理性面对经济全球化。

2. 分组

根据确定的讨论题目，将全班学生分成"福"组和"祸"组两大组，因小组讨论的最佳人数为 4～6 人，以班级人数 49 人为例，可将全班学生分成 8 个小组。

在分组时，必须按照"组间同质，组内异质"的原则，因此分成的8个小组基本上能力相当，有利于他们的公平竞争。对于小组内部的人员，可以按照成绩好的学生和成绩差的学生相结合的方式，每一个小组都由两三个成绩好的学生、三四个成绩不好的学生或者中等生组成；一个小组内不能都是性格内向的学生，这样在讨论的时候就调动不起来气氛了，可以把学习刻苦、做事认真但不善于表达自己的李某和有点粗枝大叶，但课堂积极活跃、勇于发言的杨某组合在一起；不能只是男生或女生，应该做到均衡。最后还要选出组长、记录员等。

3. 学生认真阅读教材并准备资料

分好小组之后，教师要督促学生在本次讨论课之前提前预习课本。由于本节课课本上的内容比较少，教师可以给学生布置相应的作业，如去图书馆或者利用电脑查阅经济全球化双重影响的表现，认真观察生活中经济全球化的表现等。

（二）讨论中

因为分为正反两方两个大组，本次讨论采用对坐形的座位安排。教师应在本节课开始之前提前去教室，将座位安排成对坐形。课程开始后，教师先让学生阅读课本总结归纳经济全球化的原因，然后简单总结后正式进入本次的讨论。教师先用ppt出示一张"反全球化"图片，引出本节课的论点：深入讨论一下经济全球化的双重影响。（用ppt出示讨论的题目：经济全球化是福还是祸？学生以提前分好的小组为单位开始讨论。在这里要注意的是，学生在讨论的时候，教师不能只是站在讲台上不动，而是要到下面走走、看看，尽量与学生们一起，一是观察学生的合作情况，同时也起到一定的监督作用；二是有利于一些有问题的同学及时向老师请教。大概七八分钟之后，每个小组的成员都把自己的意见写在一张纸上并且写上自己的名字，由组长收取并交给老师，这样有利于督促每一个学生都参与到讨论中去，不能偷懒；对于收取上来的意见教师要认真查看，详细了解每一个学生的观点，然后进行小组提问。）

（三）讨论后

对于讨论结果的总结，教师采取先让学生总结的方式。

师：同学们，本节课就要结束了，哪位同学能总结一下本次讨论的结果呢？

生：经济全球化正如我们所想，是一把双刃剑，既有正面的影响，也有消极的影响。

在这里，选择的进行总结的学生可以是讨论中非常积极、但却没有发言机会的学生，这样可以弥补一下他的遗憾心理。当然，让学生总结的缺点就是他们的总结可能会不太全面，就像这位学生的总结，只是总结出了经济全球化的双面影响，却没有指出发展中国家应如何应对经济全球化，所以教师应在这位学生总结之后，再进行进一步的总结，指出发展中国家不应该逃避，而是应该采取积极有效的措施，以期站稳脚跟。对于本次学习中积极准备、课堂中积极发言的学生，教师要及时给予支持与表扬；对于一些偷懒的、不想积极思考的学生，也应给予适当的批评；当然，对于那些积极准备，却没有得到发言机会的学生，教师则可以采用一定的办法让他们得到发言的机会，可以如上面所言让他们进行总结，抑或是在下次的课堂中多多关注他们。当然，教师也应积极反思自己在本节课中的表现，以期在以后的教学中有所进步。在课下，教师还可以让他们写一份报告，在下节课开始之前检查。

第四节　中学历史课堂教学方法的运用

教学方法是教学得以开展的基本条件，是实现课堂教学目标的基本途径，其运用需要结合每种教学方法的特点及具体情况。

一、讲授法在中学历史教学中的运用

讲授法是指以教师为主导，教师通过口述的方式向学生传授历史知识的教学方法。教师系统地、有组织地用语言传授特定的历史内容，达成预设的教学目标，而学生则尽可能完整无误地接受教师所传授的历史知识。讲授法是历史教学中最主要的教学方法。虽然历史课程改革中出现了许多新的教学方法和手段，但这些方法、手段都需要和讲授法相结合。讲授法是历史教学中既经济可靠又最为常用的教学方法。在历史课堂教学中，讲授法又可分为讲述、讲解、讲读等不同的形式。

（一）讲授法运用的基本步骤

1. 步骤 1：准备阶段

①制定明确的目标，拟定向学生传授的特定历史内容；②将要讲授的内容要点加以整理，循序渐进，由浅入深地呈现主题内容；③分析学生的总体特点。

2. 步骤 2：讲授法的实施

①按照提纲所罗列的内容逐条讲授，尽可能地带有启发性，与学生原有的知识基础相联系；②讲授要按照历史时间、事件及历史人物的特点进行，如依据历

史事件发生的先后顺序、发展过程以及历史人物的主要活动等；③涉及历史事件时，要尽可能地体现其系统性、典型性，尽可能地选取具有代表性的情节；④对于次要内容，扼要地概括即可，用以勾勒出历史的全貌和发展线索。

（二）讲授法运用须知

①运用讲授法的前提是所讲授的历史知识是有价值的和值得传授的；②教师需尽可能深入地理解、掌握所讲授的内容，对学生的相关知识背景也要有一定了解；③讲授时要注意语言的简洁和清晰度，尽可能地有感染力；④合理地调整讲授时间，适当与其他教学方法相结合；⑤讲授法经济、省时，宜于传递较抽象的历史知识，但较易使学生养成被动的学习习惯，不易激发其创造性思维。

二、图示法在中学历史教学中的运用

图示法在中学历史教学中有着比较独特的优势：图示法能够在较短的时间内向中学生提供一个比较完整的历史结构。这个结构是十分简明、形象、系统的，它能够调动中学生的感官能力，并且可以加强中学生对历史知识的记忆，激发中学生的历史学习兴趣。

（一）图示法运用的基本步骤

基本的教学步骤：①教师根据教学目标进行生动形象的描述；②教师展示图示，简明扼要地根据图示介绍历史内容，对图示的思维路线进行强调；③教师讲解完毕后，高中生抄录图示；④课堂小结时，高中生可以根据图示，回忆主要的教学内容，并对这些历史知识进行巩固。教师设计的图示必须具有科学性和简洁性，从而保证这个图示能够说明比较复杂的历史问题和历史现象。

新课程的历史教科书知识容量大、时间跨度长，且较为深奥复杂，因此，要让学生在听完教师讲解后就掌握所有知识是相当困难的。如果教师在讲述历史知识时，能利用图示进行教学，就能使复杂的知识精简化，概括性地揭示事件的要点，突显精华，把知识的内在联系通过巧妙的结构安排体现出来。

（二）运用图示法的注意事项

第一，图示要简明、形象、科学。图示是对复杂的历史内容的高度概括、提炼，图示可以起到"信号示意"的作用。从不同的角度，可以将一个历史概念设计成不同的图示，教师应该选择最简明、实用的图示，提高中学生的概括能力、形象思维以及抽象思维。

第二，教师使用的图示符号与格式等应该统一，这样便于中学生阅读。

第三，应该将图示法与讲授法结合在一起。图示是对历史内容的概括和提炼，不能代替教师的讲授，所以图示法应该与讲授法配合使用。图示是一种辅助的教学手段，教师只有把图示法和讲授法有机地结合在一起，才能取得良好的图示效果。

第四，使用图示法时应该注意内容的准确性，避免使用错误知识。

第五，图示要适时适量。历史应该是逻辑思维和形象思维的辩证统一。图示旨在表现历史内容的逻辑联系，这就有可能使一些与图示关系不大或者无关的历史知识被漏掉，造成知识的空缺。教师在设计图示时，如果忽略了学生的实际接受能力和所教内容的特点，只贪图形式新颖，在黑板上摆出了一堆图和框，结果不但不能帮助学生掌握历史知识的内涵，反而会使学生越学越糊涂，使原本抽象的知识更加抽象。若只让学生学会图示上的几个干巴巴的线索、结论，则不符合历史教学的要求。所以，教师必须兼顾教学内容的特点和学生的实际，在使用时应该适时适量，同时与其他教学方法有机结合，吸取传统教法中启发性、生动性、力量性和历史美等原则的精华，使学生在丰富的历史知识中受到启发，上升到理性认识，得到美的享受。

三、讨论法在中学历史教学中的运用

讨论法是在教师的组织和引导下，学生通过语言交流达到预期教学目标的一种教学方法。与讲授法相比，讨论法能使学生更多地参与学习过程，对问题进行较为深入的探讨，提出不同的观点与见解。按照课堂组织形式，讨论可分为对谈式的讨论、群体式的讨论与分组式的讨论。

第一，讨论法运用的基本步骤：①确定讨论目标，选择讨论内容；②根据需要合理分组，明确讨论形式；③组织实施讨论，最后概括总结。

第二，讨论法运用须知：①讨论一般用于对历史事件的因果分析，对事件和人物的评论；②讨论的问题，应是学习的重点或难点；③要鼓励学生主动发言，围绕问题探讨，并把讨论引向深入；④要注意对讨论时间的调控，善于与其他教学方法协调配合；⑤做总结时，既要对讨论结果进行适当的评价，又要对讨论过程中学生的表现，如材料的运用、观点的提出、表达的技巧等进行方法上的总结。

第六章 中学历史课堂教学模式及设计应用

伴随着社会的飞速发展，面对社会对人才提出的更高的要求，中学历史课堂教学的改革和发展也显得更加重要，教学模式的设计和运用起到了关键作用，更加符合中学生个体身心发展的规律和特点，更有利于实现中学历史教学目标。本章分为中学历史课堂教学模式概述、中学历史课堂教学模式的设计、中学历史课堂教学模式的运用三个部分。

第一节 中学历史课堂教学模式概述

所谓教学模式，是指在一定的教学思想或理论指导下建立起来的比较稳定的教学活动框架和活动程序。教学模式通常是在教学过程中为达成某一阶段的教学目标或者教学工作任务而贯彻实施的教学内容。在教学过程中，任课教师应使用一定的教学手段、采用一定的教学方法来建构教学内容的框架与结构，把握住整个教学活动的进展节奏，处理好各要素之间的关系，凸显教学模式的可操作性。教学模式不同于教学方法与手段，后者是构成教学模式的两个要素。

中学历史课堂教学模式，是历史教师在课堂教学过程中，针对中学生历史学习的情况而采用的教学方法或手段的综合。在教学实践中，任课教师应根据学生对历史知识的掌握程度而因材施教，在不同的教学环节或课堂教学中，针对不同学生而采取不同的课堂教学模式，所取得教学效果也会有所不同。

概括而言，教学模式是多种教学要素构成的综合体。当前国内外常用教学模式有问题探究式、抛锚式、范例式、翻转课堂、讲授—接受式，示例—模仿式，引导—发现式等几种较为传统的模式。在中学历史教学中，选择一种合适的教学模式是取得良好教学效果的关键。

而我们要了解，历史课伴随学生从基础教育到高等教育，是一门综合性很强的课程。历史课程向学生展现历史史实、事件，串联起国家兴衰的变迁脉络。历史课程不单单是一门文化课程，更是一门对学生进行德育的课程，担负着传递历史情感、塑造价值观的重任。历史课程的独特性决定了它在教学方式上有别于数学、英语等科目，如在数学教学中，涉及新定理与新公式，这些知识点在教师的点拨下学生的学习效果才会更好，但在历史课中，基础的史实类知识点较多，基本都可以通过督促学生自学达到知识传递的目的。因而在实际的教学中，教师要考虑历史学科教学的实际需要进行教学策略的设计，在教学中实现知识的传递与价值观的塑造，真正达到符合素质教育要求的教学三维目标。

第二节　中学历史课堂教学模式的设计

一、问题探究教学模式

（一）问题探究的含义

在《中国大百科全书·教育》中是这样解释问题探究教学的："问题探究教学是建立在反省思维的基础上的，符合形式逻辑的，引导学生对问题进行假设、分析、论证，最终寻求答案的一种教学模式"。《心理学大辞典》说："问题探究教学模式贴近具体的教学内容，将知识用问题的形式传达给学生，学生通过内心的思索和对材料的探索分析进行解答，从而达到增强知识的吸引力、锻炼思维的效果。"也有学者认为问题探究是指教师在教学过程中组织学生围绕教师或学生提出的问题进行有一定深度、广度的研讨，让学生在独立思考、互相启发或争辩中，最大限度地发挥学习的主动性，培养创造性学习能力的教学模式。还有学者认为它是根据教学内容及要求，由教师创设问题情境，师生共同从分析背景、发现问题、解决问题、交流成果等方面来组织和实施教学，以期进一步激发学生的求知欲、创造欲和主体意识，培养与提高学生的历史学习能力的一种教学方法。

从以上几种观点可以看到这种教学方式重视教学过程和学生的主动参与，目的在于培养学生的思维能力。问题探究教学模式是根据不同的教学内容，在教师的引导和启发下，学生对相关问题进行分析、讨论、探究从而解决问题的一种教学模式。这种教学模式的目的是让学生参与解决问题的整体过程，从而可以把知识迁移到其他问题的解决中，形成良好的学科素养。

（二）问题探究教学模式在历史课中的可行性设计

中学生正处于身体和心理成熟的过渡时期，在心理上会表现出一种成熟前的动荡，思维会变得更加敏锐，但具有片面性，看问题角度比较狭隘；独立思维和批判性思维有所发展，思维方式也由之前的具象思维逐渐转变为更高级别的抽象逻辑思维。此时，学生的辩证思维能力、求异思维都有所发展，但对人和事仍然具有依赖性，看事情往往浮于表面，看不到本质只能看到现象，处理问题时容易感情用事，有时会出现盲目跟风的现象，但他们的心理动机层次有所提高，对社会的关心程度加强，对事件有一定的思维和评价能力，有辨别好坏的价值取向。此时的中学生对新鲜事物的求知欲增强，但仍然缺乏对事物进行客观评价的能力。正是由于学生这种矛盾的心理特征，教学中就要注意培养学生独立思考、质疑的能力，还要在教师的引导下让学生掌握客观分析事物、解决问题的方法，让学生学会迁移，以此来解决生活中所遇到的问题和困难。因此，在教学中教师要发挥引导作用，让学生在课堂上主动探索，并且让学生积极体验探究过程，从与人交往和合作学习中找到学习的乐趣，成为一个会独立思考的人。

正是由于学生这种动荡性的心理特点，所以在学习知识时可以先模仿教师进行高级层次的学习，然后再以小组为单位进行学习，这可以提高学生学习的主动性，激发学习的积极性，从而更加客观地看待问题。除此之外，在学习动机上，内部动机在中学学习生涯中占主要位置，相对来说此时的动机也比较稳定。他们面临着中高考的压力，相应的内部动机（求知欲、目标学校、实现梦想等）会明显强于外部动机（为获得他人的表扬、奖励等），所以中学生的自制力要强很多，且不会因为一些其他干扰因素而改变。在学习材料方面，中学生已经有了较多的学习经历，使用的学习方法和材料也日益完善。现代学生可以接触更多的学习工具，不仅仅局限于教材，既可以到图书馆查询资料，也可以通过互联网进行基础学习，不仅如此，自主探究等学习方法学生也比较熟悉。在学习的自我监控方面，随着认知的发展，中学生可以在没有教师和家长的监控督促下，自我规划学习目标，制定学习计划，根据自我接受程度调整学习进度，并根据实践反馈调整自己学习方向，思考如何更好地改善学习效果。中学生的这些学习特点使得问题探究法可以在中学课堂中实施。这种教学方法不仅可以快速提高中学生的逻辑思维能力，还可以激发学生的求知欲，让学生对历史更加感兴趣。

历史这门学科探究的是人类历史的发展状况，是一门研究过去发生的事的一门学问。我们既不可以重现历史，也无法穿越回过去体验历史，只能根据历史史料对历史进行考证和解读，凭借当前的生活经验和事物的基本逻辑合理推测事件的来龙去脉和影响。所以在研究历史这门学科时就必须带着问题进行逻辑性思考、求证，在求证过程中要严谨，才能够得出比较正确的结论。历史研究的这种特点，使得在历史教学过程中有必要通过问题的方式引导学生对相关史料进行验证，得出结论。这就要求学生在学习历史时要主动探究，根据历史材料挖掘出有价值的信息，重述历史现象，了解历史意义，感受历史的变迁。不仅如此，历史又是一门十分庞杂的学问，所涉及的内容几乎涵盖了社会生活的方方面面，这就使得学生在学习时要学会思考历史的方法，并且能够将这种方法灵活机动地迁移到超出自身知识范围的其他知识中。

历史学科教学在教学素材的利用方面与其他学科的差异还是非常明显的。历史的教学素材基本上都是一些史料，所以主要是通过间接观察和理解来获得信息，它不仅是简单知识的再现，还会涉及逻辑思维的应用。在认知成果方面，历史的学习不像其他自然知识的学习那样具有很高的清晰度和准确性。由于历史知识的复杂性，一个历史事件可能会有多种产生原因，也会造成多种影响，所以对历史人物、事件的起因、结果、意义的评价会随着时代和政治环境的变化而变化，事物所存在的内在规律也容易被隐藏在历史现象中，不会轻易地被发现，这些都对学生的学习提出了更高的要求。

所以学生在学习历史时，必须更加注重对方法的掌握，才能在诸多的历史现象中看到历史规律，得出历史结论。这就需要教师作为引导者，帮助学生探究历史背后的原因，让学生通过历史现象看到本质，而问题探究教学模式就可以让学生带着疑惑，在教师的指导下，对史料进行证伪，多角度分析、论证史料，得到科学的认识。因此，运用这种方法进行史论教学，可以提升学生解决问题的能力，培养学生论从史出、史论结合的历史素养。

二、翻转课堂教学模式

（一）翻转课堂内涵

翻转课堂一词由 "The Flipped Class Model" 转译而成，意为 "反转课堂教学模式"，也被称为反转课堂，反转教学等，目前关于它的译法还有很多。翻转课堂起初没有明确的模式，随着研究的深入，教育者给予学生自由的时间，每个人自行选择学习新知识的方式，在课外完成知识传授，同学之间、师生之间在课堂上通过互动交流完成知识内化。2013 年，翻转课堂的起源地林地中学提出了 "Flipped Learning" （翻转学习）的概念，从集体学习转变为个人学习，对时间与空间进行调整，以便有更多的课堂面对面时间用于师生互动交流，达到提高学生能力的目的。翻转课堂就是由教师根据教学目标和内容，创建指导学生的微视频，学生在课下完成作业的一种教学形态。这两种定义都是从操作层面对翻转课堂进行界定的。

翻转课堂显然已经成为时代的宠儿，它能给传统的班级授课制注入活力。简单来说翻转课堂就是学生课前在线学习，课堂上面对面进行交流，这两种方式的搭配，能有效提高教学效果。我们要认识到教学视频讲授的是本节课要学习的基础内容，而把课堂发展为提升学生能力及拓展素质的平台。它给传统的班级授课制带来了冲击，在传统的教学中，教师是课堂的主导者，进行知识讲授，而学生处于服从的地位，被动地接受教师传递的知识，课下通过大量的作业进行巩固。而翻转课堂对传统的课堂流程进行重构，学生课前完成自学检测，在课堂上探讨巩固，教师由"专任"的主导者转变为引导者。

翻转课堂是在教师的指导下转变课堂，先学后教，实现学生自主探究的学习模式。教师借助信息技术提供整合后的课程资源，学生掌握主动权进行自主学习，通过小组探究、汇报总结等方式完成课堂研讨，实现知识的内化与巩固。翻转课堂的本质是把课堂主动权交给学生，促成学生的个性化学习，真正推动课堂实现由"知识导向"到"综合素质导向"的跨越。

（二）翻转课堂教学模式的基本特征

1. 对学习者的自主性提出了更高的要求

翻转课堂教学模式，对学生的学习自主性和自制力提出了更高的要求。学生在翻转课堂教学中，要改变以往被动接受知识的角色，变为课堂的主角。无论是在线上课堂教学中，还是在线下课堂教学中，学生都要主动发挥学习主体的作用，提高自制力，积极参与教学。

一方面，在线上课堂中，学生要根据自己的知识基础、学习习惯以及知识接受能力，对教学视频的播放速度、播放次数、播放时间及播放地点进行自主选择。基础较好的同学可以加快视频速度或是跳过已掌握部分，留出更多的时间去延伸学习和思考。基础较薄弱的同学可以选择重复观看视频，调慢视频讲解速度，加深对知识的理解和内化。这种方法避免了传统的教学过程无法关照学生掌握能力、课堂内容一刀切的现象，提高了学生上课的针对性和效率。

另一方面，在线下课堂中，学生要带着疑问与重点去听课，让自己的学习更有针对性，学习效率更高，而不是没有重点地盲目学习。由于已经提前进行了自主学习，针对在自主学习中遇到的疑问，学生要勇于与教师进行交流沟通，从而加深对所学知识的理解。

与此同时，在一些历史课程中，教师会有针对性地组织一些小组合作探究活动，学生要积极参与小组探究活动，增强自己的主人翁意识，主动搜集历史史料，积极与同学研究历史问题。

翻转课堂虽然为学生提供了自主学习的机会和平台，但是这并不意味着学生自主学习能力的提高。学生被动接受知识的情况不仅仅是教学模式的问题，更是因为教学环境和文化环境的影响。当前在一些学校中，学生的学习任务都是提前被布置好的，包括各个科目的学习时间和学习内容，学生可以自由支配时间比较少。因此，要运用好翻转课堂，教师就必须在日常教学中帮助学生有意识有计划地提高自主学习的能力，学校及社会要帮助学生创建一种自由开放的学习环境，减少对学生不必要的束缚，增加学生自主学习的机会。

2. 线上课堂与线下课堂相辅相成

翻转课堂是由线上课堂与线下课堂组成的教学模式，无论是学生在线上课堂中对基础知识的学习，还是在线下课堂中对历史知识的内化都是历史学习中不可缺少的重要部分。

线上课堂是线下课堂的基础和前提，主要目的是吸引学生的学习兴趣，帮助学生掌握一些基础的历史史实，为线下课堂的内化做好知识储备。线下课堂是线上课堂的拓展与延伸，主要目的是在教师的引导下，帮助学生实现对知识的理解和内化，促进学生的全面发展和个性化发展，提升学生的历史核心素养。但是需要注意的是，在学习过程中，知识的传授与知识的内化本就是一体的，不能机械地进行分割。线上课堂虽然以传授基础知识为主要目的，但是在传授的过程中也会有内化的过程。知识传授与知识内化并不是完全对立的两个过程。在翻转课堂中，线上课堂与线下课堂相辅相成，互为补充，不可分割。

与传统教学模式相比，翻转课堂在实施过程中增加了线上课堂这一部分，一些教师在教学过程中会产生误解，认为线上课堂是翻转课堂的教学重点，因而把主要精力放在了线上课堂的准备上，甚至把历史教学中的重难点问题也放在线上课堂中，这样的做法是不科学的。由于学生的知识基础不同，对知识的理解程度也不同，一些历史知识和技能没有教师的引导，学生很难理解和吸收，在自学过程中会遇到很多困难，这种做法不仅加大了学生自主学习的难度，还会挫伤学生学习历史的积极性。教师要意识到并不是所有的教学内容都适合让学生自主学习，学生的知识基础、学习习惯、心理特征等都会对自主学习能力和独立思考能力产生影响。因此，线上课堂的内容要根据学生实际的心理状态和知识基础进行选择。

总的来说，线上课堂的知识应以历史基础知识为主，需要进一步探究和内化的知识应该放在线下课堂中完成，这样线上课堂和线下课堂才能各自发挥优势，最大限度地提高学习质量。

（三）翻转课堂教学模式设计原则

1. 普适性原则

不论是在过去还是现在，教育首先要遵循的就是普适性原则。只有完成了普遍提高学生学习能力的任务，才能称为成功的教育模式。翻转课堂来到中国后也不例外，首个成功实践的学校之所以进行教学改良，其目的就是提升教学质量，争取优秀生源，避免人才继续流失。

翻转课堂的实施往往要运用现代技术，特别是电子器材在学生自主学习中发挥着重要作用，这种形式让很多人误以为翻转课堂这一模式适合在条件好的学校、优等生里面实施，如果仅仅是这样，"翻转"的作用就会变得狭隘。我们在设计翻转课堂这一教学模式的时候，首要遵循的就是普适性原则，这主要体现在两方面，一是这样的模式是能在大多数学校里实施的，二是它绝对不是只适合成绩优异的学生。这就要求设计者充分理解翻转课堂的真正性质，善于发掘和利用一切可用资源，细心做好学情分析，尽量设计出能让每个学生参与其中、提升自我能力的教学模式。

再从细节来看，在翻转课堂教学模式中，尤其是课前阶段，通常情况下不宜设置难度过高的任务，课前预习是为了让大多数学生了解并掌握基础知识，这样他们才有信心在课堂阶段展现自我，如果教师担心教学目标的最终完成情况，可以在课堂阶段提升难度，但注意与课前预习进行过渡。

2. 教师角色多元化原则

在翻转课堂的教学设计中，怎样设计教师的角色是一大难点，以往的教学设计主要是对教学内容的设计，而翻转课堂要求改变传统模式中教师与学生、传授者与被授予者、强权者与弱势者的角色定位，翻转的不仅仅是知识传递与内化的顺序，更是师与生的位置。在翻转课堂教学模式下，师生不再是两极对立的关系，教师更不是单一的主导者，教学要以学生为中心，核心宗旨就是塑造学生，在这里要多借助教育心理学的内容，教学设计中的角色定位要充分体现学生成长过程中的心理变化需求。

在翻转课堂教学模式中，教师要扮演教学的统筹者、导演，在真正的教学开始之前就要设计好所有的流程，安排好一切可运用的资源，预设好可能发生的情景，调动每一个学生的积极性。同时教师又是引导者和辅助者，在课前就要让出发号施令的位置，不再规定学生该怎么走，并强制实施，而是要让学生养成自主自立的学习习惯，培养其独立思考的能力。

当然学生在学习中会出现疑问，不可能在一开始的自我吸收中就可以解决所有的问题，这时候教师就要发挥教学辅助的作用，耐心地发现学生学习的"故障"在哪里。

为了提升教学的质量，现在的中学教师也要提升自己的研究能力，只是设计该模式的流程，按步骤走完每一个程序，那么该模式的教学还只会停留在形式化的阶段，教师最多只是一个"匠工"，翻转模式不仅仅翻转了知识传授的流程，改变了师生的角色，更重要的是，它让教师整个人"动起来"了，教学方式无法再像以前一样，一个模式沿用很多年，现在想要真正掌握好该模式，教师就要在实践中不断地反思、观察、研究，身体力行地发现教育理论与实际之间的距离，亲力亲为地做好理念带动教育实践的工作。

3. 有效教学原则

西方教育界在 20 世纪中叶就提出了"教学是科学"的理念，推崇课堂教学的"有效性"。我国自 2000 年，不断进行教学改革，其实就是要将教学实践引向科学化的方向，从而达到降低学生的负担，提升课堂效率的目的。这场旨在建设有效课堂的教育改革，其实质是课堂方式的改变，重点就是关注学生的成长，核心是转变教师的角色，最终要将教育的宗旨拉回对"人"的塑造上来。

现代教育正视课堂教学的目的是实现知识的有效传递和接受，这就要求教学方法从机械地传递知识转变为"对话型"教学。课堂就是师生共同生成意义，交流意义的场所。教师不再是权威的主导者，学生也不再扮演被动接受的单纯客体，用教师与学生的有效互动来"动摇"原本死气沉沉的课堂框架，在情境中融会知识，让学生学会自觉探索，独立思考，从而建构知识，实现教学的有效性。

翻转课堂的设计要体现有效教学的原则，就要注重学生原有知识与新知识之间的连接，课前设置的问题既要顾及大部分学生的能力，又要具有"试探"学生潜力的作用，课前设置的问题要有层次，符合学生思维逻辑的发展过程。课堂上老师要善于观察学生的预习效果，在学生探究和自我展现的阶段，要提出切中要害的问题，全面细致地总结课堂所得，目的是在有限的时间内，充分调动学生的自主性，训练他们的独立思考能力，发挥教师的指导作用。

4. 灵活多变原则

翻转课堂不同于传统的教学方式，它讲求灵活多变，什么样的主题适合翻转，什么时候适合翻转，都需要设计者去仔细定夺。虽然翻转课堂教学模式主要可分为课前和课后两大阶段，但具体的教学内容如何设置在不同的阶段，需要教师根据自己的经验和学生的实际情况去安排。

翻转就是要颠覆传统的一成不变的课堂，让教学的过程"动起来"，因而它最忌讳的就是教条、呆板，不同的内容选择不同的方式，最终的目标都是让学生掌握知识。不一定所有章节都需要在课前观看视频，每节课、每个单元都有不同的设置，课堂的探究讨论也不是针对所有主题，这样的课堂互动方式一旦掌握不好就变成形式化，反而引起学生的反感。设计者要抓住教学内容的重点，衡量学生的基本情况，把握好时机进行翻转。

（四）翻转课堂教学模式在历史课中的可行性设计

1. 教师角度的可行性设计

因为教师是一种实践性、技能性很强的职业，而且影响教学活动效果的因素很多，所以教师的实际教学能力，尤其是创新能力未必与学历正相关，但是，根据教育部发展规划司给出的统计数据还是能够得到一些线索。由统计数据可知，当前的中学历史教师以研究生与本科生为主。这其中有一部分教师在大学或是研究生阶段就已经掌握了基本的计算机操作技能和现代教育技术。对于如何建构线上课堂，如何增加线上课堂的吸引力，如何利用现代信息技术与学生有效沟通，这些教师能够有效处理和应对。

此外，在信息化社会中，历史教师的教学观念也在不断地更新，接受新事物的能力在不断变强，并在不断地更新教育理念和学习新的教育技术，教师的专业技能和综合素质在不断提高。教师是线上课堂和线下课堂的主导力量，教师教育观念的更新及教育综合能力的提高，会直接影响到教师教学的质量，对于翻转课堂的推行有极大的促进作用。

2. 学生角度的可行性设计

随着科学技术的发展，中学生接触电子产品及互联网的机会越来越多，获取信息与处理信息的能力也在不断加强。由于从小接触电子产品和互联网，对于网上的一些操作，中学生并不感到陌生，甚至抱有极大的兴趣。因此，对于翻转课堂这种新的教学模式，学生比较容易适应，甚至是比较欢迎这种新的教学模式。

实施翻转课堂也可以引导学生正确认识网络，正确对待电子产品，让电子产品为学生的学习和生活服务，让学生能够更好地适应信息化时代。翻转课堂为学生提供了更大的学习空间和自由，让学生可以按照自己的学习习惯进行学习，有利于促进学生的个性化发展。

3. 教学平台的可行性设计

网络技术与现代电子产品的发展为翻转课堂的实施提供了坚实的物质基础和保障，手机、平板电脑、计算机不再是高不可攀的奢侈品，而是成为大部分人生活的一部分。人们在使用电子产品进行即时通信与娱乐的同时，也开始关注电子产品在自我学习发展方面的作用。

翻转课堂是以信息技术为依托的，无论是线上视频课程、微课、网络PPT还是线上交流讨论，都要借助网络及手机、平板电脑、计算机等电子产品。近些年来，信息技术的迅速发展为翻转课堂的实施与进一步发展提供了极大的空间与技术支持。一些电子软件和信息技术公司陆续推出了一系列操作简单的微课、视频录制软件。在这些软件上制作视频的方式非常简单，制作出来的视频又十分精美，这既减轻了教师的负担，又提高了线上课程的质量。

近些年来，翻转课堂平台不断增多，平台功能不断完善，教学平台的功能从最初的只能传播文字和图片发展到可以视频直播、互动交流、自动统计学生上课数据。虽然当前的教学平台仍存在一些不足，但是随着5G技术及电子信息技术的发展，翻转课堂教学平台会不断发展与完善。

三、小组合作教学模式

（一）小组合作教学模式的内涵

小组合作教学是美国教育领域大力提倡和广泛运用的教学方法，20世纪80年代末至90年代，有不少美国学者对其内涵进行了深入诠释。有学者认为小组合作学习是由一小群学生组成一个团队聚在一起共同解决同一问题的教学模式，通常以分组的形式分工合作完成各自的任务，达成同一目标。也有学者提出，小组合作学习是一种团体组合学习的教学方法，通常把学生按照一定比例进行分组，学生共同学习、共同进步，最大限度提高彼此的成就感。小组合作学习是一种教学方式，它有明确的目标导向，即学生以小组的形式共同完成特定的任务。在小组合作学习中，学生们共同努力，不仅使自己的学习成效最大化，也使小组中其他成员的学习效果最大化。

与传统历史课教学中的"师—生"单向的"知识传递—接收"相比，小组合作教学是一种增强师生之间、生生之间双向沟通和交流的教学方式，且更具打破教师主导教学壁垒的张力，突出以学生为中心的学习主体地位，也更加有益于激发各小组成员积极参与的主动性，从中展现个性，活跃思维和大胆创新，让学生在合作中尽展其才、在合作中蓬勃成长、在合作中受益匪浅。

小组合作教学在发挥"众人拾柴火焰高"的群体合作功能的同时，还能以"小轮转动大轮"的方式来提高个体的学习动力和团体的合作能力，能够打造强有力的学习共同体，形成"轻松、民主"的氛围，从而达到预定的教学目标。

（二）小组合作教学模式的要素

教师是中学历史教学内容的开发者，是教学方式的应用者，是历史教学活动的组织者。为了在历史教学中有效实施小组合作教学，激发学生学习的积极性和主动性，提高学生的动手实践能力和团队合作意识，需要对小组合作教学方式的有效性进行考量。小组合作教学模式需要具备如下五个基本要素。

1. 相互依存

学生是小组合作学习的主体，小组是同舟共济的学习共同体。在每一堂合作课中，学生与学生之间必须建立积极的依赖关系来完成学习任务。教师必须合理分组，以便所有的学生都能参与到学习中去。教师促进小组成员相互依存的方式有提供奖励（如果一个小组的所有成员在测试中都答对了 90% 以上的题目，每人可以得到 5 分奖励），为组内成员布置作业并提供学习资源，为每个成员设定可互补的角色。

2. 双向互动

在学生们形成了积极的相互依存的关系之后，教师应努力维持学生的互动，并帮助性格内向或在小组合作中保持沉默的学生参与其中，以完成自己及小组的任务，使之体会到"小组合作学习"在增进友谊和增强学科知识与技能方面的作用。教师应鼓励学生畅所欲言，讨论所学的内容，提出解决指定问题或完成作业的措施或方案，并互相提供帮助、支持和鼓励，形成友好、团结、互助的同伴互助关系。

3. 个人责任

小组合作学习的目的是提高每个小组成员的参与度，有助于学生们在互相学习中参照他人的优点而改正自身的不足。为了确保每个成员的知识和技能能够在合作学习中得到增强，教师应要求学生在合作中完成相应的任务。待整体任务完成之后，教师评估每个学生的表现，并将结果反馈给小组和个人，使小组成员意识到同伴互助的重要性。

4. 社交技能

小组合作学习并不是简单地将学生安排至一个小组，任其自由发挥，教师在此过程中须像教授知识技能一样，有目的地训练学生领导、决策、建立信任、沟通和管理冲突等社交技能，提高学生的合作意识及人际交往、动手实践、语言表达等能力，与此同时，让学生在合作中学会努力，在努力中学会奉献，在奉献中实现双赢。

5. 组织处理

每个小组成员都应积极讨论如何实现小组目标以及保持密切的合作关系。教师需要适当组织小组成员进行意见或建议交流活动，确保每位成员都能参与进来，以获得双向反馈。团队成员要注意甄别组内成员提供的有益或无益想法，并决定采纳哪些有意义的想法，并根据实际情况进行必要的修改或调整。

（三）小组合作教学模式在中学历史课堂中的设计优势

小组合作教学能够调动学生思维，使其表达能力得到提高。尤其是在中学历史课堂上，合作学习不但有利于增强学生对课本知识的把握，而且有利于学生掌握历史课本以外的知识。相对于"满堂灌"的历史教学模式，合作学习更能够提高学生的思维水平，这正适合新课改理念对历史教学的要求。合作学习要求学生各抒己见，这样可以拓展学生的思维水平，小组成员之间、小组和小组之间的交流能够提高学生的表达能力。

小组合作教学有助于增加学生的学习兴趣，有利于提高学生的学习积极性。在以往的教学中，一节课45分钟基本上就是教师在表演，而学生只是观众，"填鸭式"的教学使学生丧失了思考历史问题的能力，一切以教师为中心，学生只需要知道教师讲的知识就行，学生的天性没有得到解放，不利于学生的全面发展。而在合作学习模式下，为了完成教师布置的任务，学生能够自觉地搜集材料，在搜集材料的过程中，学生会以第一视角感受历史，必然会提高对历史的兴趣。另外在合作学习的过程中，学生为了小组的荣誉能够主动地参与到教学活动中来，配合小组成员的活动，由被动的学习者成为主动的学习者，不仅能够激发他们的热情，增强学生的求知欲，而且会使学生产生"我要学"的愿望，从而使学生养成自觉学习知识、探索知识的习惯。

　　小组合作教学能够拓展学生的思维，使学生的创造性思维得到开发。在合作学习的过程中，小组的成功更大程度上取决于小组的独特想法或者独特创意，学生为了小组的利益会绞尽脑汁去想一些具有新意的问题来引起别人的关注，因此，更能激发学生的创造性。

　　小组合作教学对培养学生的集体意识也有很大的帮助。合作学习的过程实际上是小组成员的奋斗过程，用哲学上的话讲就是集体利益大于个体利益。所以一个学生的成绩好坏不是单纯以成绩为衡量标准的，还要看他在这个小组中的表现，所以个人与小组的利益是"休戚相关"的。小组合作教学的过程中，能够激发小组成员的集体观念，在集体观念逐渐淡化的今天，实行合作学习很有必要。

　　小组合作教学能使学生具备良好的心理品质，使学生懂得与别人分享。尤其是在当代社会，独生子女占相当大的比例，大部分孩子从小就有自私的心理，认为一切东西都是自己的，大多缺乏合作意识，这对他们未来的成长是不利的。通过合作学习，同学之间的联系更加紧密了，同时也有利于改变自私的心理，能够更好地与伙伴相处。合作学习有利于人格和心理的健康，在传统的教学中，评价一个学生的好坏是以他的学习成绩为标准的，因而很多学生具有强烈的竞争心理，不喜欢把自己所学的知识跟别人分享，以为那样会使自己的成绩下降，同学之间缺乏必要的交流。而在合作学习的过程中，学生要相互配合，只有小组成功了，个人的价值才会得到体现。合作学习是与当今时代相符的一种学习方法，因而合作学习有利于使学生在学习过程中放弃竞争的"自私"心理，能够使学生增强彼此间的理解和信任。

　　在当今社会，合作越来越重要，合作学习实际上也是一种培养能力的教学方法，小组合作学习不仅需要学生在完成教学任务的时候互相帮助，而且需要每个同学将自己所学的知识表达出来，这样有利于学生的进步，也有助于学生合作能力的提高，使学生在掌握知识的过程中学会必要的社会交往能力，必定对学生将来立足社会起到意想不到的作用。

第三节 中学历史课堂教学模式的运用

一、问题探究模式在中学历史课堂中的运用

（一）提出探究性问题

爱因斯坦说过："提出一个问题，往往比解决一个问题更重要。"中学生的历史知识储备不够充足，学习历史的时间也比较有限，所以让他们提出一个具有探究价值的问题是比较难的。因此，教师在实施问题探究教学模式之初，可以在课前设计一些具有探究价值的问题，让学生们根据问题进行历史探究。在设计问题的时候，教师要保证这个问题符合历史教学大纲与教材的要求，符合不同层次的学生的学习需要，并且要根据教材的重点和难点，设计出贴近学生生活实际、符合他们认知特点的问题。同时，教师要尽可能地保证问题符合时代的发展特征，能够反映社会热点问题，保证学生会对这个问题产生探究兴趣。同时，探究问题也有利于启发学生的思维，有利于培养中学生的历史思维能力、创新能力等综合能力。为此，教师要做好充分的课前准备活动，收集足够的历史资料，选择合适的探究主题，确定探究活动的形式。

在设计探究问题的时候，教师必须从教学目标出发，围绕本课教学重点设计一些具有发散性与探究性的问题，保证探究活动的价值。问题探究教学模式的关键就在于提出问题，而要想保证探究活动的价值，学生就必须对问题有一定的了解与知识积累，否则只会让问题探究形式流于形式，无法真正提高学生的学习能力。问题探究教学模式的主体是学生，教师只起到引导、指导、启发的作用。因此，问题应该尽可能地从学生的历史视野与生活经验出发，这可以促使学生在探究过程中自觉思考人类的历史，从而使他们产生历史认知等基本素养。

①目的引入，提出问题。历史教学中每一堂课都要完成一定的教学目标，教师应首先明确本课的课标内容和三维目标的要求，在此基础上提出问题，带入情境，进入本课的教学，传授新知识。因此，教师在结合课标和三维目标的基础上向学生提出探究问题，对于发挥问题探究教学模式的作用有着至关重要的意义。同时问题探究教学模式的核心是问题的创设，利用问题引发学生的思考，启发学生的思维，问题处于至关重要的地位。问题的出现就是为了解决一定的矛盾，带有强烈的目的性，需要达到一定的目的。因此达到目的是问题产生和解决的基础

与结果。将教学的目的作为问题创设的基础，引入具体的实际教学中，可以激发学生的学习兴趣，吸引学生进入本课的学习。同时，对于学生来说，内驱力和诱因分别是学生学习的内外动因，为了激发学生的学习兴趣，教师应利用学习的动因，提出有关历史事件的问题，将学生带入问题情境，促使学生自主地对问题进行探究。

②分析背景，提出问题。马克思揭示的人类社会历史循着"三大形态"演进的规律，是因果必然性的普遍规律，经济基础决定了上层建筑，没有生产力的发展，就不会有生产关系的发展，基础建设好了才能向更高的层次发展。历史事件的发展遵循着有因必有果的基本规律，因此对于历史的学习，应以历史发展的顺序为基点，创设历史问题必然要重点考查历史事件的背景。在实际的历史教学中，历史事件的背景对于学生探究历史事件及其影响有着至关重要的作用。

③了解过程，总结影响。一个完整的历史事件主要包括原因背景、发展过程、历史影响这三大部分，在背景分析的基础上，下一步就应了解历史发展的过程，进而总结影响。同时历史发展进程的规律强调因果关系的构建，通过对历史事件因果关系的理解，总结历史经验教训，明确历史发展对当时社会的影响和对现今社会的指导借鉴意义，"以史明鉴"。

④基础回忆，提出问题。在历史课堂教学中，讲完历史事件的背景、过程和影响后，教师可以以基本史实为基础，创设基础回忆类的历史问题，帮助学生巩固之前学到的内容。对于基础回忆类的历史问题，之前提到过，"历史"的第三种解释为过去的事实，所有历史问题都是在基本史实的基础上创设的，因此在实际历史课堂教学中必然离不开对基本史实的回忆提问，教师要注意避免提出那些用"是"与"否""对"与"错"来回答的问题，应提出一些可以让学生从记忆中提取的，能够用语言复述的问题。学生在牢固记忆史实知识的基础上才能进一步探索分析。

⑤呈现史实，提出问题。新课改强调历史教学要培养学生的创新精神和实践能力，以及发现问题、分析问题和解决问题的能力，因此，教师可以在以上四点的基础上，进一步锻炼学生的史学能力。同时在历史课堂中，要解决的问题大致有两种：一是教师提前设计好的，即呈现型问题；二是学生在问题情境的启发下自己发现的问题，即发现型问题。教师可以在呈现史实的基础上，激发学生的学习动机，进而引导学生发现问题、提出问题。教师还需要注意，激发学生学习动机需要关注学生比较感兴趣且与学生的生活紧密联系的事件，从而引起学生的兴趣。

⑥规律探寻，提出问题。历史主要记述的是人类社会历史发展的进程，中学阶段的历史主要是对历史发展进程的普遍规律的探寻。基于对历史发展普遍规律的认识，在历史教学中，创设历史问题的基础就应是让学生理解历史发展进程中的规律，在理解规律的基础上理解历史事件的因果联系，理解历史事件的背景、过程及影响之间的关系。因此针对这种普遍规律创设历史问题，引导学生理解历史发展规律，对培养学生的问题探究能力和对整个历史发展进程的理解有着至关重要的作用。

⑦创新发散，提出问题。在历史课堂中，要解决的问题大致有两种：一是教师提前设计好的，即呈现型问题；二是学生在问题情境的启发下自己发现的问题，即发现型问题。其中发现型问题的主要形式就是创新型问题。学生的大脑的潜力是无限的，是充满想象力的，教师应利用学生的这一特点，在历史课堂教学中，创设可以开发学生大脑和思维的具有想象性和发散性的历史问题，问题的答案可以具有一定的开放性。从问题本身来看，没有统一的答案会更有个性化，是个性思维的表现。创新发散型的问题对于培养学生的问题探究能力起着至关重要的作用，探究就是在创新的基础上进行的。

⑧综合分析，提出问题。中学历史教科书建立了以政治史、经济史和思想文化史等模块为架构，历史专题为单元，贯通古今、中外混合的历史知识体系。专题模块可以帮助学生正确地理解历史知识的政治性、经济性和思想性。因此，在创设历史问题的时候，可以利用专题史的这一优势，综合政治、经济和思想文化各自的特点给学生呈现综合类的历史问题，使学生从政治、经济、思想的角度分析历史事件，活跃学生的思维，开动学生的脑筋，扩展学生的思维，使学生在综合分析的基础上提高问题探究能力。

（二）探究与解决问题

传统的教学方式是以教师的讲授为主的，这就忽视了学生的学习主动性与个体自由发展，让学生一直处于被动学习的境地。问题探究教学模式能够将学生从被动学习中解放出来，使其成为学习的主人。教师可以通过具体的教学意图与策略来对学生产生影响，使学生真正展开学习行动。为此，教师可以将课堂探究分为展示问题、课堂讨论、归纳知识点与练习反馈几个部分。

在课堂教学中，时间就是一切，也是最宝贵的学习资源。教师对时间的分配与掌控能力直接反映着他们的教学观念与教学水平，而问题探究教学模式要求学生有充足的探究与自学空间，只有如此他们才能充分地开发自己的智力，并能深入展开讨论与研究。另外，教师也应该保证探究形式的灵活性与多样性，让每个学生都有充分的发言与交流机会，展示他们的探究成果。对于一些比较简单的探究性历史问题，教师可以让学生自行解决，只在学生主动寻求帮助时给予指导；对于一部分难度较大的问题，教师可以采用师生互动的方式进行探究，教师要为学生提供科学的探究思路、方法，引导学生找到问题的答案。在此过程中，教师要注意坚持精讲少讲的原则，以学生为主，鼓励学生去想、去说、去做，最终总结与归纳出问题的正确结论。最后教师要让学生利用他们学到的知识来分析与解决实际问题，使其学有所得、学有所用。

在设计探究问题的时候，教师要注意为中学生营造出良好的学习环境，要体现学生的主体性，培养他们的创新精神，鼓励他们大胆质疑，并用尊重的态度来引导学生发表不同的见解。教师要想方设法地让学生在历史问题探究课堂中获得独特的体验，打破思维惯性，鼓励学生从全新的角度审视探究性问题，逐步培养他们的探究性思维。现代心理学研究证明轻松、客观、愉悦的情绪能够使学生产生超强的记忆力，能够活跃他们的思维，充分挖掘他们的内在潜能。因此，只有在民主、平等、和谐的学习环境中，学生才敢于放开自己的思路，积极与别人进行讨论与切磋。

另外，在问题探究模式下，教师在评价学生学习活动的时候，也要重点关注学生的探究过程，一般要将关注点放在以下几个方面：设计的探究问题是否符合学生的最近发展区，是否能够激发学生的学习兴趣，是否发挥了学生的主体作用，是否达成了预期的教学目标；学生是否能够利用所学知识解决实际问题等。

除此之外，学生的自主探究意识与能力也是保证问题探究模式能够真正落实的基本条件。学生的自主探究意识对于问题探究教学活动有着至关重要的影响，如果学生没有自学能力，教师强迫他们去探究，这就失去了探究本身的意义。自学能力包括自主探究意识与史料研读能力，直接决定了学生在遇到困难的时候能否在教师的帮助下解决问题，是否有着正确的解题思路，是否能够读懂历史资料等。

（三）实施探究性活动

因为时间的限制，历史课堂的问题探究活动并不能够帮助学生概括出所有的知识点，教师应该选取适当的内容在课上进行探究，然后将探究活动延续到课下，将课堂探究活动与课外实践活动有机结合在一起，不断取得良好的教学效果。例如，教师可以安排学生在课下收集历史资料，撰写小论文，展开实践调查。

①有效提问，师生互动。问题探究教学模式以师生讨论历史问题为主要特征。正是在发现问题、探讨问题、研究问题、解决问题的过程中，学生的认知水平才能得到发展，能力才能得到提升。教学的过程也是研究问题和解决问题的过程，这一过程应以学生对问题的探究活动为主，因此教师对于学生对历史问题的探究情况要有一定的把握。教学过程是师生共同成长的过程。教师在每堂课中都应时时关注学生的发展，关注学生生存的挑战，以学生为主题。在素质教育下，师生是平等的，教师要做好引导性的工作，多听、多看，不要对学生评头论足。在历史课堂教学中，教师要帮助学生营造一个民主平等的发言环境。历史学科更需要学生敢于在课堂上表达自己的想法，进行探究性的学习，不断地提高学生的积极性。教师应提前设置好历史问题，在课堂教学中，在讲授新知识的过程中，先针对知识点提出问题，让班上的学生都进行思考，做好回答的准备，然后再选择学生来作答；在问题提出后，教师也要让尽可能多的学生参与到解答问题的活动中来，而不是总叫一两个喜欢回答问题的学生来回答问题。提问虽然能够调动学生的思维，促进学生参与到教学活动中，但在一节课上并不是提出的问题越多越好，因为太多的问题就像太多的知识一样，都会使学生的思维跟不上，容易处于被动的地位。所以，教师要把握好提问的节奏与频率，使学、思、问、答等活动产生实效。为了凸显问题探究教学模式的作用，教师应合理地把握课堂提问与教学的进度、节奏、频率，避免让学生用"是"与"不是"来回答问题。同时，在学生回答不上来时应该进一步引导学生一步一步地回答问题，扩展思维。这样不仅能给学生充足的自信，还能激发学生学习的兴趣。教师提出问题后，应针对学生的回答及时进行引导，必要时还要加以补充。当学生不知道如何回答的时候，应采取相应的策略启发学生，使学生理解问题的含义。对于较难回答的问题，教师可以适当降低问题的难度，或者将问题适当分解为若干小问题，以便学生回答。当学生回答问题时，教师要特别注意倾听，教师要在认真倾听学生回答的基础上，判断学生的回答是否正确，存在哪些问题，该如何引导其进一步回答与分析历史问题。并且，教师的认真倾听也体现了教师对学生的尊重，只有建立在尊重基础上的课堂探究活动才能真的起到作用，使学生形成历史问题探究意识。

②自主建构，探究问题。中学历史课程对学生学业质量的要求是学生能够在独立探究历史问题时，在尽可能占有史料的基础上，尝试验证以往的说法或提出新的看法，能够在正确的历史观和方法论的指导下，全面、客观地论述历史和现实问题。学生是学习的主体，教学以培养全面发展的学生为根本目的，问题探究教学模式就是在问题情境中探究历史问题，在教师的间接指导下引导学生积极主

动建构历史知识，教师可以利用史料呈现的方式，让学生在占有史料的基础上主动发现问题，自主构建问题意识，探究问题。

③交流反馈，合作探究。历史课堂教学中的交流主要包括两部分，一是教师与学生的交流，二是学生与学生之间的交流。新课改后，课堂教学强调学生是学习的主体，因此，在问题探究教学模式下，教师可以利用学生学习主体的地位，鼓励学生进行交流与反馈，帮助学生进行合作探究，以达到学习的目的和完成教学的任务。具体来说，教师在历史课堂教学中应注意引导学生互相交流讨论，分享思路和想法，进一步反思自己的探究过程，修正错误，升华认识。如果在研讨中产生了新的问题，就应该继续进行下一轮的探究。教师可以按照科学探究的一般程序，即在"问题—假设—验证—结论"的基础上来构建问题探究教学模式的结构。这个结构含有较强的问题、探究成分，强调学生的问题意识、探究意识、合作意识和交流意识，体现了活动建构教学论的基本主张。问题探究教学模式的实质就是在教学中充分发挥学生的主体作用，使学生掌握必要的知识技能，并在这一过程中激发和培养学生的独立探究能力。

④主题探索，完成作业。问题探究教学模式的组织策略在严格意义上来说还存在着一些问题，但我们可以在充分了解学生、遵循学生身心发展规律和细致分析教学资源与信息的基础上创设科学准确的历史问题，正确地将学生引入历史问题情境中，在以上两点的基础上选择科学的问题探究方法，使学生认识到科学探索的价值，而不是仅仅停留在知识点上。主题探究主要是由学生自主确立或由学生和教师共同生成一个学生感兴趣而又有研究价值的主题，设计出多个活动内容，是教师帮助学生，以学生为主体自主进行小组合作探究的活动。学生通过这种主题探究的形式，通过完成作业来细致深入地分析、理解书上的历史知识。学生在活动过程中，通过分工与合作以及对研究成果的完善，提高了史论结合的能力。该模式在历史课堂中主要从师生互动、自主建构、交流反馈和主题探索这四个方面来论述问题与情境的衔接实施内容，以使问题探究教学模式发挥其在中学历史课堂中的教学作用。

（四）整合史料

历史结论都是在对大量史料的分析与总结中获得的，没有史料的历史探究活动就好比"无米之炊"，这就要求教师必须在选取、运用、分析、解读史料上多下功夫，这一点直接影响着教学效果。因此，在问题探究活动中，教师与学生都需要借助多种史料来完成探究活动。

教师在完成问题探究示范之后，学生也可以以小组为单位进行合作探究，锻炼自身的思维能力和表达能力。学习中，学生做习题巩固知识的情况很常见，做习题时会遇到大量的知识盲区，有的错题是因为基础知识没有掌握，而有的则是因为提取分析信息的能力有所欠缺，还有的是因为分析问题的角度不够全面系统，有的是因为归纳概括的能力需要提升。在这些问题中除了基础知识掌握可以自己加强巩固之外，其他的问题不仅需要老师的指导，还要通过练习，锻炼历史思维能力。在小组合作的学习方式中，同学之间可以互相探讨，寻找出共性问题，在老师的帮助下一起探究解决，这样可以主动地参与到学习中，在枯燥的学习中找到规律与乐趣。

在选择主题之前，为了提高效率，教师可以给同学分析总结一下历年来中高考的高频考点，让学生以这些考点为参考，从练习题中找出问题从而确定主题。此外，在问题探究中小组成员首先要根据性格特点、学习方式和学习能力进行分工。小组内的成员都要从平时的练习题中寻找出问题，由小组长进行汇总，找出成员间共同存在的问题。然后组长将问题反映给老师，教师帮助学生选出适合探究的主题性问题，然后由全班进行探究。教师还要对学生所总结的问题进行分类，对学生所提的问题进行辨析指导，让学生明白问题探究法中的问题应当是什么样的。这样由学生到教师再到学生的方式，不仅能调动学生的积极性，还可以真正解决学生的实际问题，学生可以有的放矢地进行学习和探究。

首先，学生在确定主题时要注意提前商量好知识范围，这样总结起来就会集中很多，就容易找出共性问题。例如，小组选题时可以针对中高考常考的点进行选择。其次，小组长在汇总问题时要注意协调小组成员之间的矛盾，本着民主合作的原则处理问题。小组是为了共同学习而组成的团体，所有人之间是平等的，要和睦共处。最后，在选择练习题时要有主次之分，可以先从中高考的考题中总结问题，再从模拟题中找出与之类似的知识点，最后再从其他省份的题中找，由此确定问题，这样有助于学生了解知识点。

在确定完主题之后，学生就可以以小组为单位根据主题确定核心问题，然后对核心问题进行剖析分层，从而确定每一层的重点，小组合作按照历史发展的逻辑线，由浅入深地对专题进行分层设问，最后解决核心问题。当然，不同小组可能会有不同的问题，这是很好的，这样更有助于发散性思维的发展。

中学生所接触的史料和练习题会大量增加，所以可以根据主题选择高考题和平时的模拟题作为素材。在这一过程中，每个人都可以选择一个问题进行材料的搜集选择和整理，同时教师可以在学生旁给出意见和指导，以便学生做出调整。

在有针对性地搜集完史料之后，小组之间就可以针对材料和问题进行讨论。小组可以把问题分开，按照问题的难易程度分给学习程度相对应的学生。小组成员可以按照之前老师在示范课堂中解读的分析不同类型的材料的方法，先自主探究，自主分析，如果遇到难点可以先记录下来。例如，在中国古代工商业发展专题中，可以把问题分给小组中不同的人，让他们自主探究，然后再在小组内部交流，得出认识。小组交流之后可以在全班展示成果，由教师进行组织，针对每组的成果进行分析评价，指出其存在的问题和优点，为下次探究提供经验。在探究课结束之后，教师和学生都可以应该反思，总结不足，为之后的学习提供经验。

（五）对问题探究模式进行合理评价

教育心理学认为，正确评价、适当表扬与鼓励是对学生学习成绩的一种强化方式，它可以激发学生的上进心、自尊心、集体主义感等。因此，教师应及时对学生在课堂上的探究活动进行评价。

①注意对学生的探究过程进行评价。研究性教学强调的是学习过程，它不只是传授基本的历史知识，还应教会学生掌握认识历史知识过程中的方法和技能，提高学生用历史意识考察社会和认识社会的能力，这就要求教师在评价学生的探究活动时不仅要关注学生取得的探究成果，更要关注学生探究问题的过程。教师要针对学生的参与意识、合作精神、主动探究问题的动机、探究问题的方法与思路，对知识的理解和认知水平以及表达交流技能等进行恰当的评价、及时的评价。当然，评价也不能只重过程而忽略探究的结果。任何科学研究活动都是离不开先前探究活动的结果，要以其得出的知识为基础、所验证的理论为指导，没有结果便没有科学进步。离开了一定的理论作指导，很难进行有效的探索活动，只会变成盲目的探索。可见，真正的科学研究不是也不可能是只重过程不重结果的。作为结果的知识是任何学习的必备条件之一，没有知识做基础或不获得知识的学习是不成立的。由此可见，探究学习并不是也不可能轻视结果。因此，注重对学生探究过程的评价并不意味着可以忽略学生的探究结果，不能因为学生的探究过程值得肯定就进而肯定他得出的有可能是荒唐错误的结论。

②注意对学生的个性和创新进行评价。中学生在已有的生活、学习中，已经掌握了丰富的知识经验，对各种事物，都有自己的理解和看法。这些知识经验、思维模式对学习至关重要，是学生进行一切学习活动的基础。有些问题即使学生还没有接触过，没有现成的经验，但当具体问题呈现在学生面前时，他们也可以

从已有的相关经验出发，依靠他们已有的认知能力，做出具有一定逻辑性的假设。而在建构新知识的过程中，每个学生的建构方式、程度都是不同的，也就是说每个学生都有自己的个性。学生学习知识的过程，就是根据自己原有的经验建构新知识、丰富发展个性的过程。而发展学生的个性，是教学的一个重要目的。在教学中，教师要关心、信任每一位学生，赞赏每一位学生见解的独特性，赞赏每一位学生的好学质疑心和对自己的超越，真正做到平等对待学生，尤其是对那些主动参与意识差的学生，更要积极地鼓励，当他们保持沉默不愿参与时，要了解他沉默的原因并设法打破他的沉默，当他们碰到挫折或失败时，教师应尽量肯定其成功或合理的成分，不能冷落嘲笑学生，要善于发现他们与众不同的观点，鼓励其保留自己的看法。教师要通过恰当的评价帮助他们改正思维方式和学习策略、方法，使他们及时走出学习和发展的困境，增强他们的自尊心和自信心，从而使其进入良性的发展轨道。在评价过程中，教师要特别鼓励学生创新求异，这更有利于学生批判思维的发展。求异是指从不同于常规的角度观察分析客观事物，得出全新的结论的思维方法。这是最具有创造力的批判思维方法，其最大特点就是敢于质疑定论，敢于另辟蹊径。求异既是开拓学生的思维的方法，也是培养学生探究意识的主要方法。经常引导学生沿着不同的方向从新的角度去审视司空见惯的问题，从多方面寻找问题的答案，有利于开阔学生的视野，提高学生的发散性思维能力，让学生养成不迷信、不盲从、敢于怀疑、敢于否定的习惯，形成敢于突破旧框框、独辟蹊径、标新立异、务求突破的精神，进而形成自己特有的创新人格。

③注意对学生探究过程中的错误进行评价。在课堂上，教师要正确评价学生在探究过程中的错误。学生不喜欢现成的东西，而喜欢自己去体验、去探索，而探索就难免要走弯路。探究中的错误，其价值不在于错误本身，而在于错误背后的创造思维过程。没有对错误的宽容，就没有发现和进步。因此，教师要仔细研究学生探究中的错误暴露出的思维过程，并对其进行评价，积极引导，而不能简单地加以否定。事实证明激励性评价能增强学生学习的积极性，提高学习效率，促进学生的智能发展和形成良好的学习态度。对大多数水平较高的学生来说，他们并不在乎教师说几句"通用"的表彰之词，而是更在乎他们的意见是否得到了教师和其他同学的注意和高度重视。某些情况下，"揭短"可能比表扬更具效果。

二、翻转课堂教学模式在中学历史课堂中的运用

（一）中学历史翻转课堂的构建

中学历史翻转课堂由线上课堂与线下课堂两部分组成，每个部分又分别对教师的活动与学生的活动进行了构建，加强了教师与学生的双向联系，在重视学生主体地位的同时，又突出了教师在翻转课堂中的主导作用。

1. 线上课堂的构建

（1）从教师角度看

在线上课堂中，教师的活动主要包括制作导学案、录制视频、查看平台反馈。

导学案贯穿于翻转课堂实施的全过程，由线上课堂的导学案和线下课堂的导学案两个部分组成。导学案是教师在历史课程标准的指导下，对学生的学习情况、教材、学习环境进行深入分析从而制定出来的一种教学指导计划。教师在制作导学案的过程中要确定线上课堂与线下课堂的教学内容，线上课堂的内容应以简单的基础内容为主，呈现方式要生动有趣，能够吸引学生注意力。导学案在设计上要体现课程标准的要求和目标，历史课程标准实施以来，改变了传统的教学模式，推行以人为本的教育理念，注重对学生历史核心素养的培养。导学案要体现科学性与教育性相结合的原则，在帮助学生掌握基础知识的同时，还要注重对学生学习能力和学习习惯的培养，使学生树立正确的价值观，塑造健全的人格。

线上视频是线上课堂的核心环节，视频的质量直接关系到学生在线上课堂中的学习效率及学习的效果，要格外重视线上视频的质量。

平台反馈是对线上课堂的监测和总结，也是线下课堂的重要参考依据，平台反馈数据在翻转课堂中起着承上启下的过渡作用。学习平台能够自动生成学生的个人学习数据，包括学生的疑问、解答过程、观看时长、观看次数等，这些数据对于教师了解学生情况起到了重要的参考作用，也有利于教师因材施教，更有针对性地进行个性化教学。教学平台自动生成的学生线上学习数据，既减轻了教师的负担，免去了教师手动统计数据的过程，又能让教师迅速且准确地把握学生的学习情况，找到学生学习的难点问题。

（2）从学生角度看

在线上课堂中学生的主要活动包括观看视频课程，完成课程任务及形成学习反馈。

在观看视频课程及完成课程任务阶段，学生在观看视频时，可以自主选择视

频的播放时间、播放速度和播放次数，在视频播放过程中会有一些关于视频内容的小测试题，学生通过这些测试题可以及时监控自己的学习状况，及时进行调整。

试题难度要恰当，应设置在学生的最近发展区内，既要考虑学生已有的知识储备和学习能力，又要针对当前课时的学习内容进行设计，一方面能够帮助学生理解知识，另一方面又不会让学生感到问题过难而挫伤学生学习的积极性和动力。

在形成学习反馈阶段，教学平台会自动生成学生的学习数据，学生可以根据教学平台生成的数据对自己进行评价和反思，对自己的学习习惯和学习程度有一个清晰的认识，对于一些没有理解的地方，可以通过反复观看视频、查阅资料、与他人交流等方式得到解答，为线下课堂奠定良好的基础。这些数据也是学生学习情况的一个记录，学生通过这些记录可以形成对自己的形成性评价，为整个学年的总结性评价提供数据参考。

2. 线下课堂的构建

（1）从教师角度看

线下课堂是学生生成与内化知识的过程，也是整个翻转课堂的重点，在学生内化知识的过程中，教师不仅要成为知识的传授者，还要成为学生学习的引导者和课堂活动的组织者。在线下课堂中，教师的主要活动包括创设教学情境、讲授新课、组织课堂活动、巩固提高、教学反思和评价5个阶段。

在创设教学情境阶段，教师可以以学生线上学习的问题、疑问为起点，创设教学情境，形成与线上内容的有效连接，并且可以运用一些视频、图片、生动形象的故事，调动学生的思维，帮助学生快速融入课堂教学中，为线下课堂的深度学习奠定基础。

讲授新课阶段是线下课堂的主体部分，也是教师引导学生学习的重要环节。翻转课堂要尊重学生的主体地位，实现学生的自主学习，但是不能形式主义地否定教师讲授的作用。翻转课堂并不否定传统的讲授法，中学历史课程的特征决定了讲授法在中学历史教学过程中依然是一种比较有效的教学方法。讲授法能让学生在有限的课堂时间内，获得成倍的历史知识。

中学历史课程中的内容广，包含的史实多，仅仅依靠学生的自主学习和活动探究没办法将所有史实传授给学生，也很难突出教学重点。因此，教师需要在线下课堂中根据教学内容和学生实际情况恰当使用讲授法，帮助学生建立完整的知识体系。

在组织课堂活动阶段，教师可以根据课时内容组织一些课堂活动，如分组讨论、角色扮演、小组探究等。学生在活动的过程中能够深化对所学知识的理解，提升运用知识和解决实际问题的能力，在与同学的交流与探究中提升沟通与合作的能力，为终身发展奠定基础。但是需要注意的是，不同的内容适合不同的课堂活动形式，学生的知识水平和接受能力也会影响课堂活动形式与活动时长。因此，要根据学生的知识基础和线上课堂的数据反馈情况选择合适的活动形式和活动内容。

在巩固提高阶段，教师根据学生在课堂上的表现，对学生们的活动进行总结和评价，并对一些重点知识进行系统的总结，帮助学生建立系统的历史知识体系，这是非常重要的一步。有些学生会在停留在激烈的课堂讨论氛围中，这个时候教师必须及时调整学生状态，在学生自我思考的基础上，帮助学生拓展性地深入学习。在这个环节教师可以将一部分时间交给学生，让他们进行自我总结和归纳，在学生自我总结的过程中，教师可以解答部分学生的疑问，帮助学生实现全面而有个性的发展。

在教学反思和评价阶段，教师要对线上课堂及线下课堂进行反思与总结，找到在翻转课堂实施过程中的经验和教训，作为下次课程设计的参考，让教学更有针对性。教师还要根据学生在线上课堂中的数据统计情况及学生在线下课堂中的表现对学生做出形成性评价。

（2）从学生角度看

在线下课堂中，学生的活动包括融入教学情境、知识内化、学习总结、自我评价4个阶段。

在融入教学情境阶段，学生要及时调整自己的学习状态，积极配合教师的活动，调动自己的主观能动性，让自己快速地融入线下课堂的学习中。教师在解答线上课堂中的问题时，要积极思考和反思。

知识内化阶段主要包括学习新课和参与课堂活动两个环节。无论是对新知识的学习还是在课堂中参与课堂探究活动，都是学生对在线上课堂中学到的基础知识的内化。在学习新课环节，学生能够在教师的讲授下快速地获取历史知识、理清历史脉络，在教师的引导下积极思考，总结历史经验教训，正确地理解历史、解释历史，为构建时空关联和探究因果关系奠定扎实的知识基础。在课堂活动环节，学生在已有知识的基础上，积极参与教师组织的一些探究活动。在参与课堂活动时，学生要树立探究精神和合作精神，既要学会独立思考又要学会与他人合作，在与同学的合作探究中增强自身的探究能力及合作能力，树立正确的价值观念。

学习总结阶段主要是学生在教师的引导下，深化对知识的理解的阶段。这个阶段是对知识进行升华的阶段。学生要对线上课堂和线下课堂中的内容进行回顾和思考，深化对历史事件及历史人物的理解，并通过课堂活动总结出探究历史的经验教训，增强历史分析与解释的能力，在对知识与能力的总结中，发现历史的魅力，提高对历史的兴趣，树立正确的价值观。

在自我评价阶段，学生根据线上课堂反馈的数据及自己在线下课堂上的表现对自己进行评价。评价的过程也是反思提高的过程，通过自我评价，学生可以更深入地剖析自己的优势与不足，帮助自己调整学习目标和学习计划，不断弥补自己的不足。

（二）中学历史翻转课堂运用策略

1. 搭建教学云平台

为适应中学历史翻转课堂的发展趋势，搭建好教学云平台至关重要。虽然翻转课堂在中学历史教学的运用中存在一些问题，但是它也促进了师生思维方式的转变和教学方式的变革。翻转课堂是大势所趋，必然促进各类历史教学资源的汇聚，带来教育资源的重新配置。要保证它的顺利实施，就要有一个管理科学、资源丰富的平台。而教学平台的搭建需要技术、资金、教学资源的多方投入，也需要国家、学校、社会的多方支持与努力。云平台的搭建，才是真正意义上的整合教学资源。各类优质的教学资源为师生提供了多样的选择，促进了学生个性化的学习与教师即时性的督学，同时它也为进一步开发电子书包，实现无纸化教学提供了可能性。当然，云平台的出现并不排斥对优秀的传统教学方式的继承与发展。

翻转课堂的实施需要信息环境的支撑。教师制作课件与教学视频、学生在课堂上进行自学与信息反馈都离不开网络信息环境。配套的计算机硬件与软件是教学平台得以高效运转的保证。教学云平台既方便教师查阅教学资料，高效科学地备课，也方便学生登录平台进行预习与复习。

2. 建立一支高素质的教师队伍

在传统课堂中，教师是主导者，而新课改以来，学生成为课堂的主体，教师的作用受到轻视。但我们要认识到教师是不可被替代的，他们是连接课堂与学生的关键。推广翻转课堂离不开一支高素质的教师队伍，因为翻转教学实施得成功与否，与参与的教师有直接的关系。历史教师本人对翻转课堂教学理念的理解，对历史学科知识的把握及对学生的了解，都影响着教师对翻转课堂的驾驭能力。

制作出高质量的教学视频与设计出可操作的课堂活动都是翻转课堂对教师提出的要求，但这两者并不冲突。教师也可以立足实际，选择学习网站上的优质视频资源，制作出能为己所用的教学视频。

翻转课堂为师生之间的互动提供了更多的空间。教师不但是教学活动的设计者，而且是参与者，在课堂中对学生进行引导，不单单是知识上的引导，还包括发展能力上的引导。教育是一种有目的、有组织的培养人的活动。在翻转课堂中，学生可以通过课前自学掌握知识，课堂上多余的时间用来开展探究活动，发展多方面的能力，这就增加了教师与学生的交往机会。正如我们所知，学生情感态度与价值观的形成是建立在他们的经验与体验的基础之上的，因而教师的思想道德水平直接影响学生的道德水平，进而影响其价值观的形成。因此在翻转课堂中，教师应引导学生树立正确的价值观，并以自己的言行促进学生思想道德的发展。

3. 健全教学绩效评价体系

教学模式的改进是为了提升学生的学习能力与学习效果。翻转课堂是一种创新性的教学模式，评价依旧具有重要的导向作用，一套科学的评价体系能够促进教师与学生的发展，提升学校的教学质量。随着我国基础教育改革的发展，教育理念也在逐步变化，我们逐渐摸索出新的评价方式，更注重评价的诊断性与过程性。当然评价不仅包括对教师录制的视频、编写的导学案、上课的效果的评价，更重要的是对学生的学习过程与学习效果进行评价。在传统的教学评价的基础上加入新的教育理念，进阶作业与诊断性测试便应运而生。

现行的课下作业与阶段性的考试测验都是对学生学习效果的检测。作业是学生联系新旧知识、巩固与提高的关键，也是教师检测学生学习水平的一种方法，因而在翻转课堂中，作业也是不可或缺的。进阶作业的提出具有特殊意义，进阶作业是在学生观看教学视频后，用来检测其对知识点的掌握程度的习题。基于信息技术，学生在线做完的作业能即时传送给教师，从而实现针对性教学。在"先教后学"的翻转课堂教学模式中，诊断性测验具有重要的地位，它是对学生线上线下、课堂翻转前后的总体学习质量的评判。它像一个检测员，能检测出学生在课堂学习中的不足之处。诊断性测验的重点在于诊断性，它往往与针对性教学相联系，诊断出问题才能更好地为学生提供针对性教学。诊断性测验作为一种评价方法，可以促进学生的学习与教师的课堂教学。

可以看出，进阶作业与诊断性测试相互配合，是适合翻转课堂的教学评价体系。翻转课堂教学评价体系由专家、教师、学生一起建立。结合当代教育发展的价值取向，翻转课堂的教学评价体系不但注重学生的学习结果，而且关注其学习方法与过程，体现了从"知识导向"向"综合素质导向"的转变。

三、小组合作教学模式在中学历史课堂中的运用

（一）小组合作教学模式运用的注意事项

1. 合理有效分组

第一，科学组建合作学习小组。学习小组的组建是合作学习活动顺利开展的前提。组建学习小组前，教师要对学生的能力进行认真研究，使各个小组的总体水平基本一致，以保证各小组公平竞争。小组一般遵循"组内异质，组间同质"的原则，由4～6人组成。分组要从学生的年龄特点和思维特点出发，保证小组成员在性别、个性特征、才能倾向、学习水平、家庭背景、社会背景等方面存在合理差异，以便学习时发挥各自的特长和优势。小组建成后，还必须要求每个小组中的成员相互友爱、坦诚相见、民主平等，体现小组的团体力量和精神。

第二，明确"小组合作学习"的目标和责任分工。明确的学习目标和责任分工是进行"小组合作学习"的关键要素。在小组合作教学过程中，各成员应有明确的合作学习目标和具体的责任分工。分工明确、责任到人才能使小组成员全员参与，并明白各自应该承担的角色，积极完成各自所分配的任务，使合作学习有序又有效地进行。在这里值得注意的是，小组合作教学的目标是小组成员共同确立的学习目标，是小组成员共同努力的方向，这就要求小组成员不仅要努力争取个人目标的实现，更要分工协作，帮助小组其他成员共同达到预期的合作学习目标。

第三，培养小组成员的团队意识和合作技能。培养小组成员的团队意识和合作技能是小组合作学习活动顺利开展的重点。合作学习不是个人的学习行为，而是一种集体行为，为了达到共同的学习目标，每个成员都要具有足够的团队意识和合作技能。小组成员之间必须相互了解、彼此信任，经常进行有效的沟通，成员们不仅要对自己负责，而且要为小组中其他同学负责，要互相帮助和支持，形成强烈的集体责任感，并妥善解决可能出现的各种矛盾，建立起一种融洽、友爱的亲密伙伴关系。小组成员的团队意识和合作技能主要包括互相信任、团结互助的意识和技能，主动表达自己见解的意识和技能，学会小组讨论的意识和技能，尊重别人发言的意识和技能，以友好的方式对待争议的意识和技能。

第四，建立合理的"小组合作学习"评价机制。合理的评价机制是提高小组合作学习效果的重要途径。在合作学习的过程中，我们要顺利发挥每个成员的最大潜力，实现共同目标和个人目标的辩证统一，就应该建立一种促进学生做出个人努力并且小组成员互助合作的良性制约机制。这种良性制约机制主要是合理的评价机制。合理的评价机制能够将学习过程评价与学习结果评价相结合，将对小组集体的评价与对小组成员个人的评价相结合，从而使学生认识到合作学习的价值和意义，并更加关注合作学习的过程。

2. 寻找小组合作教学的时机

在成立合作小组时，应根据学生的特长，进行合理的分工，使学生意识到合作学习是每个人的责任。例如，小组长由合作意识和组织能力较强的学生担任，由其负责小组成员的责任分工，组织小组人员有序开展讨论、分析和解决问题；记录员由写作水平很高、文采好的同学担任，负责记录学习结果；语言组织能力强并且勇于表达、逻辑清晰的学生当汇报员，向全班汇报小组学习结果，并对其他小组提出的问题进行回答；操作员由动手能力强的学生担任；平时纪律好，严于律己的当纪律监督员，对小组讨论中跑题的同学进行监督；设计工作由有美术特长的学生担任，展示小组学习的结果（如手抄报、图片）。由于学生全面发展的需要，成员的职责分工也不应该是固定的，成员之间的分工可以定期轮换，使每个学生都能感受到每份工作的辛苦和快乐。因此，根据不同的活动的需要，教师合理分组，并对每个成员提出要求，如要积极承担个人责任，并相互支持，密切配合，发挥团队精神，有效地完成学习任务等。

在小组合作过程中，通过讨论，组员能够发现问题、分析问题和解决问题，这对提高学生的思考能力和教学效果都是有好处的，这就要求教师在备课中要准确把握教材。如下情况可以采用小组合作学习。

①旧知识和新知识的衔接处可以合作学习。中学历史新教材中的每一个专题，甚至每节内容的时间跨度都非常大，因此，在教学中可以对原有的知识进行挖掘和连接，做好铺垫和推广工作。但由于学生的知识水平和能力存在差异，一些学生可以更好地对相关知识进行记忆和补充，但一些学生会感到困难，有很多问题。在这样的情况下进行小组合作，才能优势互补，让学生协调发展、共同进步并完成知识的迁移和转化。为提高合作的有效性，设计恰当的问题、制定一个合理的任务是很重要的。如果这个问题太过简单，大部分学生通过独立思考可以解决，那么进行小组合作学习是没有必要的；如果这个问题比较复杂，讨论了很长一段

时间，也没有一个结论，这样的问题没有必要在课堂中合作学习。因此，在布置学习内容时，教师应注意：一是这个问题虽然比较难，但学生通过讨论可以突破；二是这个问题要有一定的探索和讨论价值，一个人在特定时间内是难以完成的，需要讨论和协作。

②学习重点难点时，开展小组合作学习。学生在认识活动中出现的无法解决的思想障碍往往是教学的重点和难点。而重难点又是考试中经常出现的，也是学生必须掌握的，那么，光靠教师干巴巴地讲，学生可能一时接受不了和难以消化，在此种情况下，采用小组合作学习去寻找问题的答案，不仅会加深学生的记忆，增强理解能力，也可以使学生形成一些好的品质。但是教师也要随机应变，对学生在讨论和分析中出现的漏洞进行纠正和弥补。

③解答开放性问题时，开展小组合作学习。为培养学生的发散思维和创新意识，在教学中可以让学生对一些开放式的问题进行探索。学生各抒己见，答案会五花八门，在这种情况下进行小组合作学习，让学生在讨论中同其他成员进行交流和协商，从而培养学生的发散思维和创新能力。

④整理复习时，开展小组合作学习。每个小组负责汇编一个专题的复习资料，这样他们可以互相交流、互相欣赏、资源共享。这样的小组合作使学生在不知不觉中梳理、巩固了知识，节省了时间，收到了实效。合作学习可以让每一位学生参与学习的全过程，给每个学生提供展示的空间，使学生能够充分表达自己的观点，通过组内的交流、探讨，学生可以不断完善自己的观点，不断产生新理念。但这一切的基础是学生独立思考。因此，合作学习要有独立思考的时间，只有这样学生才有沟通的需要，才会带着他们的观点和方法参与合作学习，然后相互交换意见和方法，这种合作学习才会有成效。在学生没有独立思考的情况下就让他们去讨论，很容易被同化，长期如此，他们就会产生惰性，这对个体的成长与发展是极为不利的。因此，在合作学习过程中，首先要让学生有时间概念，明确规定在单位时间内完成任务，并给他们一定的独立思考时间，当然这个时间可以灵活调整，目的是培养学生的时间概念。老师提出问题后，可以稍作停顿，让学生独立思考一段时间，写下要点。为了让小组合作学习达到要求的目标，给学生充足的考虑时间是很重要的，当然，小组合作讨论和交流的时间也应充足一些。另外，教师也要随时观察各组的合作情况，并对不同的情况做出不同的反应，当学生异常活跃，讨论也在火热进行时，最好不要打断他们，应让他们继续，以期待更圆满的讨论结果。

3. 小组合作教学中对教师的要求

教师在进行小组合作学习时，应对学生进行以下几方面的教育。

①思想教育。在进行合作学习之前，教师有必要对学生进行思想方面的教育，首先让学生知道，认真听别人说话是对别人最大的尊重；让学生知道合作学习不是一个人的事情，需要大家的共同努力，一个人的成功与否关系到整个小组能否成功；让学生学会为他人着想，树立集体主义观念。当然在这一过程中，最好能增强学生的自尊心，这样会对以后合作学习过程中发挥学生的积极作用起到很大的促进作用。只有做好学生的思想教育工作才能够保证合作学习更好地开展。

②独立思考。教师应该多注重学生的独立思考能力，尽可能地消除学生对其他人的依赖，增强学习的自信心，让学生懂得自己也是很优秀的，这样才能让学生有自己的想法，这样才能保证和小组的正常交流。另外教师应该鼓励学生发言，鼓励班里学生有不同的声音，积极鼓励性格比较内向的学生，让其走出心理障碍，敢于面对更多的学生和教师。另外就是教师应该给学生足够的考虑问题的时间，鼓励学生有自己的见解，让其能够形成自己的观点。教师在平时的教学过程中还应该注意学习成绩较差的学生，多跟他们进行沟通，尽可能地让学习差的学生来回答小组问题，给成绩差的学生提供表达的平台，这样有助于增强他们的自信心，有助于发挥合作学习的优势，有利于学生整体成绩的提高。

③共同成长。教师应该尽量避免在合作学习小组中，好学生积极发言、成绩差的同学一言不发的尴尬局面，这样的合作学习也不会收到理想的效果。教师应该在设计任务的时候设计不同难度，给班里的每个学生创造发言的机会，这样才能使学习成绩差的学生积极参与，才能为合作学习创造一个和谐的气氛。

④集体观念。在合作学习的过程中，无论学生还是教师，都是一个整体，因此教师在说话时，应该注意细节，多提及小组这个概念，这样会使小组成员有一种集体的感觉。另外，在最后小组评价的过程中，教师应该对小组全体成员进行奖励，而不应该针对个别学生进行奖励或者鼓励，这样有利于学生团体精神的培养。当然，在合作学习的过程中也不能忽视教师的作用。在小组合作学习的过程中，学生的主体作用固然重要，但是教师的作用也不应该被忽视。在历史课堂教学过程中，教师具有引导作用，没有教师的引导，合作学习是不能顺利进行的，因此我们应该注重教师的作用，教师要对合作学习的全过程进行督导，这样才能保证合作学习朝着健康的方向发展，另外教师在必要的时候也可以跟学生进行互动，这样教与学才能相互配合。

另外，在进行合作学习的过程中，教师需要注意以下几个方面。

第一，内容要有针对性。并不是所有的教学内容都适合小组合作教学模式的，一般来说，教师应该根据教材的重点、难点，选择合适的内容。合作学习的内容应该具有针对性，应该选择有助于提高学生能力的内容，这样才能使合作学习取得较高的效率，使学生能力得到提高。

第二，合理地安排小组。在开展小组合作学习的过程中，在组建学习小组的时候，笔者主张让学生自发组成合作小组，同时进行合理调整，要根据不同的内容而定。从性别上看，可以是男女分开组合，男女混合组合；从知识的层次来看，可以是好、中、差混合组合，也可以是分开组合；从兴趣爱好来看，可以将具有不同兴趣爱好的各分一组；从性格上来看，可以将不同性格的混合组合，也可分开组合。另外，组长必须有号召力，或者组长必须在某一方面优于其他同学，这样才能够保证小组的学习效率。选好各组组长，并指导小组长完成本组的操作、讨论、总结、汇报等活动。

第三，内容要符合学生特点。根据学习的不同内容，要有针对性地设置小组合作的方式，常见的合作方式有讨论、操作、实验、辩论等。在设计方案的过程中，尽量选择学生喜欢的方式，这样必然会带动起学生的积极性，才能取得预期的效果，所以设计教学方案，更需要教师精心构思，细心安排。

第四，教师适时引导。尽管小组合作学习提倡的是学生主动学习，但它并不是否定教师的主导作用。在一堂课中，教师是教学过程的组织者，其在合作学习过程中的作用是不可忽视的。为了更好地发挥教师的作用，教师应该做好以下几点：首先，教师应该在合作学习的过程中对小组的情况进行及时把握，注意发现学生在合作学习过程中出现的不正规操作，趁机参与合作，给以适当的引导。其次，教师还要引导学生养成良好的学习习惯。在小组合作学习中，要让学生大胆地说出自己的想法，使学生从自卑的心理中摆脱出来，能够积极地参与小组的讨论。

第五，及时对汇报做出评价。汇报是小组学习的最重要的一个环节，在合作学习的过程中，通过汇报，学生可以感受到成功的体验，从而激发学习的热情，有利于教学质量的提高。因此，汇报是学生提升知识的重要环节，教师要对学生给予鼓励，使学生感受到学习的快乐。这样必然有助于以后合作学习的成功进行，并且有助于发展学生的个性，使全班学生得到健康的发展。

（二）对小组合作教学模式运用的建议

1. 协调好学生自主学习与合作学习的关系

自主学习与合作学习能激发中学生在学习与探究历史方面的主观能动性，尊重学生在学习中的主体地位，能培养学生的自主探究精神和合作交流能力。对历史教学而言，在教学内容设计与具体的教学环节中，坚持以历史学科知识为基础，以历史学科能力为导向，以创设真实情境为载体，以解决问题为任务，由教师鼓励学生基于学科知识积极践行自主学习与合作学习，倡导以探究搭界自主学习与合作学习的桥梁，形成"自主—探究—合作"三位一体的智识转化系统，对历史教师的教学技能以及学生的历史学习能力的发展具有同等重要的意义。

中学历史学科的学习本身包含着对历史时序、历史事件、历史人物、历史现象、历史意义等的记诵，但如果仅仅停留在记诵的层面，就容易淡化历史认识的价值。从高阶历史思维能力的角度来看，历史认识的价值是将历史事件放置在特定的时空中进行考察，从时代演进发展的历史脉络中认识历史事件的地位、影响和意义以及形成正确的历史观念。因此，若依据历史教材的内容与历史学科的教学目标进行实践教学，学生自主学习和合作学习的张力和弹性则是中学历史教学亟待解决的问题。

无论是在课前自主学习阶段还是在课中合作探究阶段，历史教师首先需要转变"重教法轻学法"的教学观念，将学习的主动权交还给学生，变学生被动接受式学习为主动探究式学习，变学生记诵历史知识为历史学科能力的培养，以激励学生自觉地、主动地参与到历史学习中去。为此，教师在教给学生历史基础知识的同时应传授学习历史的方法。历史学习方法的习得需要"像历史学家一样探究"，建立在问题探究的基础之上，历史教师应该为学生们提供"历史中重要的主题和问题"，让学生自行或自发组成学习小组对感兴趣的主题或问题进行探究。因此，为了让学生掌握学习历史的方法，教师应积极鼓励学生课前自主学习，最好在课前能布置一些学习任务，让学生自主收集与本节课主题有关的资料信息，以便学生能进入主动学习的状态，也为学生留有自我思考、自我解决的空间。在历史教学活动中，教师可以组织学生围绕某一历史主题或问题进行有目的的合作学习，以"互动、互助、互补、互促"增进学生的历史认知。

2. 把握好活动探究与历史知识讲授的关系

在历史教学中，架构小组合作学习的桥梁，教师要注意把握活动探究与历史知识讲授的平衡。从教学与认知发展的关系层面而言，学生已获得的先验知识与学生即将学习的知识之间存在着差距。前者指的是学生已习得的知识内容和对知识的掌握程度，后者强调在教师的指导下或在同伴互助合作的过程中，能够获得新的解决问题的能力。所以，在小组合作学习的活动探究环节，教师既需要指导学生有效开展小组成员之间的沟通、交流与合作，又应适时加入学生小组间的讨论和对话，适时组织小组进行分享和总结，适时提供中肯的点评和建议，实现师生之间和生生之间的双向互动，让教师的指导带动学生的学，与此同时，创造新的"最近发展区"，以此帮助学生掌握知识并促进其内化。进一步说，教学活动探究的效度要建立在教师科学教学管理的基础上进行合理调控，教师可以通过以下途径增进学生的认知：①创设问题情境，激发学生思考和小组探究的积极性；②关注学生言行，及时给予小组成员恰当的评定和反馈；③建立奖惩机制，激励小组成员共同为目标而努力；④合理调节课堂环境，机智处理小组竞争与合作的关系。

只有当整个教学的动态过程处于知识构建的连贯性、整体性与活动探究的有序性、高效性相互平衡时，小组合作教学模式才能推动"以学生学习为中心"新教学形态的出现。一般而言，历史知识大体上可以分为两类，即史实性历史知识和智慧性历史知识。史实性历史知识是把书本中的人物、事件、现象，经历史教师根据学生的现有知识水平和接受能力，在课堂上讲述之后，令学生有效掌握的历史学基础知识。智慧性历史知识不仅在于历史教师引领学生历练历史学习的技能，而且更为关键的是在教学过程中尽可能培养学生的历史思维能力，进而启迪学生在史实性历史知识的基础上借鉴历史经验和汲取历史智慧。这两类历史知识的习得和掌握均需教师旁敲侧隐地讲解和诠释，非小组合作的活动探究所能达成的。唯有教师调控活动探究的节奏和适时代入历史知识，才更能让历史学习发生在学生历史知识最需填充时，历史感悟形成处。

3. 关注批判性思维与历史核心能力的培养

批判性思维与历史核心能力的培养是相得益彰的，共同融入历史教学活动环节的师生、生生双向互动之中。批判性思维与历史核心能力的培养在历史课实践教学中具有重要性，且是历史教学的内在要求和重要任务。为此，要培养学生的批判性思维与历史核心能力，教师必须了解和掌握历史教学技能，以课堂教学技能为核心进行延展，从教学设计技能、教学实施技能、教学组织技能、教学评价技能4个维度构建历史教师的教学技能群。而小组合作在历史教学中需要达到的目标就考验着教师的教学技艺。因此，在中学历史教学中组织好小组合作学习，历史教师的学科知识、教育教学知识、教学技能水平是开展有效教学的前提条件；如何培养学生的批判性思维与历史核心能力，历史教师须对此有整体认知，认识和理解批判性思维与历史核心能力是中学历史教学运用小组合作教学模式的逻辑起点。

（三）对中学历史课堂教学中小组合作教学模式运用的反思

①时间与质量。每节课都需要完成一定的教学任务，也需要达到一定的目的，而采用小组讨论的方式，要注意对时间的把握，讨论片刻就结束讨论还是达到怎样的程度结束讨论，这是摆在教师面前的问题。另外，占用时间讨论后，学生是否完成学习任务，是否掌握，这也是存在的问题。那么，如何协调好两者之间的关系，是一个比较难的事情，需要在实践中不断地去协调和完善。

②课堂控制。在开展讨论时，要给学生充裕的时间完成讨论，教师不要为了进度就短时间内喊停，使讨论不了了之，这样就失去了意义。这就需要教师在上课前做好充足的准备，助他们解决问题这也是值得反思的地方。一些教师重视教师和学生之间的交流，学生和学生之间的交流，但是交流的方式和尺度如何来把握，也值得深思。

③有序合作。学生在一段时间的训练后，会形成一种互动协作的好习惯，各司其职，有效合作。讨论中要让不同层次的学生都有发言权，不管他们的看法说法是否正确合理，最起码他们勇于说出自己的想法，这也是一种进步，不要让他们成为忠实的听众，而是让所有人都成为倾听者和倾诉者，这样有序的合作需要教师在平时的课堂中去不时地引导和训练，但是时间上如何把握，轻重如何把握，值得探讨和深思。

④合作价值。在小组合作学习中，不是分成小组坐在一起就是合作学习，而是要有目的、有组织、有任务，合理分组，这样才会事半功倍，否则会事倍功半。

⑤科学分组。合作性的学习小组，如何合理安排座位也是值得考虑的问题，这样就要求教师分座位时安排好学生男女的身高和组合，要让学习成绩好中差的同学都发挥他们各自的长处，优势互补，共同进步。

⑥合理评价。在教学中，很多教师的眼睛还是盯着那些成绩好、思维活跃得学生身上，很少注意那些默默无闻的、发言不踊跃的同学，并且在小组合作中每个学生的态度是否端正，思维是否敏捷，分析创新能力如何等方面有没有合理的评价，也是不容忽视的，这些都对学生积极性、主动性的提高有很大的影响，如果稍有偏颇或评价的不合理不到位，都会一定程度上挫伤学生的积极性。

总之，小组合作教学模式是需要付诸时间和行动去检验和证明的，实施"小组合作学习"是非常可行的，应持久坚持。

第七章 中学历史课堂教学评价探讨

中学历史课堂教学评价贯穿于教学活动每一个环节，与教学过程同等重要，教学评价的目的是提高中学生学习历史的效率，重视中学生的个性发展，促进中学生身心更好地发展。本章分为中学历史课堂教学评价概述、中学历史课堂教学评价的类型、中学历史课堂教学评价的价值追求、中学历史课堂教学评一体化实施策略四个部分。

第一节 中学历史课堂教学评价概述

教学评价，也可以称为教学评估。20 世纪 80 年代，教学评价才开始被我国中学历史教学界重视，并开始运用于教学课程标准（教学大纲）中。教学评价是对教学行为及其效果进行价值判断的过程，是为教师和与教学有关的人员提供教学状况的信息，提供改进、完善与探究建议的课程改进开发活动，是教学的有机组成部分。教学评价是一种更为先进的教育思想，它是传统考试、测验和测量的进一步发展，它的意义在于：第一，评价的指导思想是为了创造适合于学生的教育，教学评价从致力于鉴定、选择转向改进或形成功能。第二，评价的对象和范围突破了学习结果评定的单一范畴，扩大到整个教育教学领域。第三，在方法和技术上从单纯的定量分析发展到定量分析和定性分析相结合。第四，评价重视被评价者的积极参与及其自我评价的地位和作用。第五，评价更加重视对评价本身的再评价。

对于课堂教学评价，很多学者都给出了不同的定义。有学者认为课堂教学评价就是对课堂教学过程中一系列教学行为变化所提供的信息，依据教学目标进行衡量和判断，以便进一步改进教学的过程。也有学者认为课堂教学是"教师教"与"学生学"同时发生并不断互动的过程，同时教学情境、教学资源、教学组织等变量也会影响教学结果，它们与教师行为、学生行为、师生互动同为教学的过程变量，对教学过程的评价就是要同时关注教师行为、学生行为、师生互动以及教学情境、教学资源等因素，还有学者认为课堂教学评价的本质是一种价值判断，是对实然的教学效果和应然的目标要求之间差距的一种衡量。

从上述关于课堂教学评价的定义中，我们可以总结出一些相同的观点，课堂教学评价就是通过一系列的评价方法，收集在课堂教学中所产生的证据，对学生在此过程中发生的行为的变化进行鉴定，以此来检测学生的学习效果，所以课堂教学评价是一种表现性评价与形成性评价，主要研究教师怎样设计和实施课堂教学评价可以使学生更好地"学"，在这个过程中，伴随着教师对教学和评价的反思。因此，科学有效的课堂教学评价已成为现代教学的基本组成部分，它不仅是成功教学的基础，也是进行各种教育决策的有力参考。

中学历史课堂教学评价的最终目的是提高教学质量，通过教学评价了解学生情况，发现教学活动中和学生发展中存在的问题，进而推动学生发展。中学历史课堂教学评价在历史教学的活动中有着重要的意义，影响着历史教学活动中的其他环节，可以对其他环节产生相应的指导作用。根据目前的教育改革发展状况，我国在历史方面的研究学者参考国外优秀学者们研究后得出的先进理论，并结合国内外发展和当前现状，对历史教学评价改革做了许多相应的尝试，目前，我国历史课堂教学评价的因素包括以下几点：①教学目标。中学历史课堂教学目标要求科学、可行，学生能够理解历史教学目标，历史教学活动具有目标指向。②教学内容。中学历史课堂教学内容涵盖众多，包括对课程标准的理解、对教科书的系统分析、对教学内容如何分析设计等诸多方面。③教学过程。中学历史课堂教学过程包括课堂教学环节的整体设计、教学方法和教学手段的选择与使用、活动安排是否合理等。④教学活动氛围。好的教学活动氛围可以让学生听起课来事半功倍，具体来说，中学历史课堂教学气氛要既严肃又不呆板，既活跃又不杂乱。⑤教学效果。中学历史课堂教学效果是教学活动如何的最直接显示。这些体现在学生学习是否积极主动、教学目标是否达成等。⑥教师的基本素质。中学历史教师的基本素质也是教学评价的其中一项，它包括教师的教学态度体现、语言运用情况、多媒体掌握情况。

第二节　中学历史课堂教学评价的类型

中学历史课堂教学评价按照不同的分类标准可以有不同的类型，例如，按照收集评价信息的方法可以分为现场观察评价、监视监听评价、录像后评价和问卷评价；按照评价性质可分为诊断性评价、形成性评价与表现性评价；按照评价主体可以分为领导评价、同行评价、学生评价和教师自我评价等。本节着重阐述按照评价性质分类的诊断性评价、形成性评价和表现性评价。

一、诊断性评价

诊断性评价又称为准备性评价，指的是在教学开始之前或在教学中对学生的学习准备情况或特殊困难进行的评价，是对教学活动的准备。它主要对教育背景、存在的问题及其原因做出诊断，以便"对症下药"，据此进行教学设计。诊断性评价的实施时间一般在课程、学期、学年开始或教学过程中需要的时候，内容主要有教学中可能面临的问题；学生知识储备的数量和质量；学生的性格特征学习风格、能力倾向及对本学科的态度；学生对在校学习生活的态度、身体状况及家庭教育情况等。

概括地说，诊断性评价的作用主要有以下三点：确定学生的学习准备情况，明确学生发展的起点水平，为教学活动提供设计依据；识别学生的发展差异，因材施教；诊断个别学生在发展上的特殊障碍，以作为采取补救措施的依据。这种诊断性评价类似于医生给病人看病，是针对学生在某一方面的学习内容或认知能力发展上的严重困难，运用某种特殊的评价手段而做出的诊断，目的是找出造成严重困难的原因，进而采取相应的补救措施。所以，这种评价既可以在某种教育活动开始之前进行，也可以在教育活动过程之中进行，只要发现有特殊困难的学生，就应该有针对性地实施这种评价。

二、形成性评价

形成性评价又称作过程性评价，是指在课程研制、教学过程之中，对课程编制、教师的教学和学生的学习情况进行的系统评价，主要是为了让教师更好地了解教学活动的进程，能够及时反馈教学信息，及时修正教学活动。形成性评价的主要目的并不是培养一些优秀学生，而是挖掘每个学生的潜能，让每个学生都可以享受成功与进步，进而使其学习动机更加强烈与持久。另外，形成性评价也可以让那些在学习中遇到困难的学生及时发现自己的不足，及时查漏补缺。

三、表现性评价

表现性评价是 20 世纪 90 年代在美国兴起的一种评价方式。它是指在学生学习完一定的理论知识后，再让学生在完成某一项具体实际活动来评价学生的学习情况，包括通过纸笔测验以外的活动、作品、表演、展示、操作、写作等更为真实形象地表现来展示学生口头表达能力、文字表达能力、思维能力、实践能力、人际交往能力及学习成果与过程的测验来进行评价的一种评价方法。表现性评价方式不同于传统的纸笔测验评价，它是对学生实践活动综合能力行为采取的直接真实的评价，作为一种与传统的纸笔测验和考试不同的评价方式，弥补了传统评价的不足，突出反映了新课程追求学生素质全面发展的要求，比较符合新课程所提出的评价理念。

表现形式评价的主要特点是评价形式灵活、评价主体多元和评价过程开放。

①评价形式灵活。由于历史教学受中高考的限制，历史教师在平时教学中不得不重视终结性纸笔评价模式，多采用死记硬背、牢记课本知识的评价方式。这并不能真正使历史教学体现新课程理念，更不能激发学生的历史学习兴趣和培养学生的人文素养。所以中学历史教师在实施历史课程的评价时应重视改变传统评价模式单一考查学生知识掌握能力的不足，积极采用各类灵活、多样的形式。只有改变单一的测验式评价方式，才能激发学生的历史学习兴趣，提高课堂教学的效果，体现"尊重学生的主体地位"的思想，指导学生在学习中及时反思自己学习过程遇到的问题。表现性评价的形式多种多样，如通过建立成长档案袋、小组合作学习方式、表演历史话剧等多种形式，历史教师可以根据实际教学的每一个的特点和学生的素质采取不同的评价方式。

②评价主体多元。传统的纸笔性评价的评价主体单一，即教育部门命题人。但是在实施表现性评价的过程中，因为我们的目标是检测学生的综合素质、提高学生学习的自主性、提升其学习成就感和自信心，所以需要多元化的评价主体，在具体的评价过程中可以通过自评、他评的形式；在评价活动中，教师、学生、家长、社会人员都可以积极参与对学生的表现性评价中，只有评价主体多元化，才能更全面地评价出学生的综合潜能，才能不断激励学生认识自身不足，弥补不足，逐渐成为社会发展所需要的综合性、高素质人才。

③评价过程开放。过去的纸笔评价因为大多采用书面测验的方式，具有很强的封闭性、单向性特点，教师、学生没有话语权，只能一味地盲目被迫实施这样传统落后的评价方式。在历史课程标准开始提出新型的体现学生主体地位的形成性评价时，历史教学评价迎来全新发展的局面。要改变传统的评价模式，就必须实行一种开放性的评价体系，能够同时让教师、学生都可以全面对自己的教学状况和学习情况有一个全面的理解，充分体现教师的主导地位和学生的主体地位，只有这样才能调动学生学习的积极性和教师的工作热情，使整个教学评价轻松愉快地开展下去。

第三节　中学历史课堂教学评价的价值追求

中学历史课堂教学评价同其他学科有着同样的评价流程和方法，这一过程指向预定的评价目标。在收集资料、对比分析后，形成相应的价值判断和价值追求，这一教学评价过程具有重要的意义。

第一，从教学活动的角度分析，历史课堂教学评价能够为决策者提供政策依据，并形成对教师的激励机制。国家对学生在历史教育方面的要求，主要通过学校教学活动来实现。管理部门通过评价认识到教师的教学质量和教学效果即学生的成绩水平。在教学管理中，教学评价有着监督的作用，能够督促包括历史教师在内的各科教师都能顺利地进行教学活动，教学评价具有评价和激励的双重作用。

第二，从教学研究的角度分析，在课堂教学过程中，教学评价起着收集信息、调控课堂教学的作用。教学研究中课堂教学研究是重中之重，通过对课堂教学活动的分析评价，能够从中得知很多与教学相关的重要信息，发现很多问题，如课堂教学中的人际互动、多媒体的使用、教学模式的实施等。通过评价得知的信息和结论是最能清晰地显示教师和学生的实际情况的，教师的教学质量是否达标、学生是否接收到知识并成功掌握，这些都可以通过教学评价而得到，进而教师可以根据反映出的信息迅速调整出合适的、有效的教学计划，并制定方案，进而提高教学质量。有效教学的达成离不开素养立意的评价环节。具体来说，在教学中，以评价目标为导向，在核心素养的引领下运用史料和已学的历史结论建构历史时空情境，通过层层问题引导学生全面客观地分析，使学生在进行问题探究时能够聚焦特定的历史时空，在这一时空下，全面客观地解读史料，并用史料或已知历史结论佐证自己的观点并试着解释和总结。这样使问题更具探究性，而且评价环节紧密围绕核心素养的培养与评价目标的达成，对学生思维能力的培养也更加有效。同时，评价方式的灵活运用，能帮助教师精准的了解学生目前核心素养的水平层次，并及时调整教学内容与策略，进而使课堂教学活动的质量与效度都有所提升。这样的课堂教学能根据教学实际不断调整与动态生成，提高课堂教学的有效性。

第三，从教师本身的角度来看，教学评价对教师有着促进作用。通过历史课堂教学评价能够让教师了解自己的不足，认识到自己的水平所在。教师通过参与自评和互评的活动过程中，能够亲身体会到各位教师之间的长处，学到有效的教学经验，正确地认识到自身的缺点，进而提高自身水平。

第四，从中学历史课堂教学评价的成效角度分析，课堂评价的主要作用就是推动教学目标、学习目标和评价目标的达成，进而提升学生的学习效果。这种依据课程标准整合教学目标的评价，将核心素养融入课堂评价的目标与过程，制定评价目标并设计相应的评价方式，进而掌握学生的素养水平的课堂教学模式，能更加契合素养立意。在此期间，教师要更关注学生的学习过程与表现，使评价的目标、过程都能以学生的学习为中心，在学生的学习过程中逐渐培养和提升历史学科核心素养，在这样的课堂评价下，历史课堂就能逐渐得到优化。

第五，中学历史课堂教学评价，能够推动历史学科核心素养的落实。学科核心素养通过整合情感、态度和价值观来满足特定现实需求的这一属性，决定了学生学科核心素养的养成情况难以通过直接的方式进行观测，需要设计有效的方法和手段。落实历史学科核心素养并非一朝一夕便能实现，需要教师和研究者们持之不懈地实施并调整。从中学历史的层面上讲，基于核心素养的历史课堂评价使历史课堂更好地聚焦学生素养水平的提升，能通过学生的素养水平，找准学生们的"最近发展区"，不仅能帮助学生提高学习效率，而且能帮助教师改进教学，从而推动历史核心素养的落实。

第四节　中学历史课堂教学评一体化实施策略

一、教学评一体化深度融合

有效的课堂教学评价对提升学校的教学质量以及学生的学习效果具有重要意义，而教学评一体化的理念能够很好地指导课堂教学与评价。教学评一体化主张评价不应作为最后的环节出现在教学的终点，而是要贯穿教学过程的始终，充分发挥评价对教学的促进作用。

以评价促进教学是教学评一体化的核心理念。在这里，评价不再是脱离教与学的一个过程，而是存在于教与学之中的不可缺少的一环，与前两者有同样重要的地位。教师通过一系列评价标准和评价任务，可以了解学生在学习中真实、具体的情况，从而进行反思、补救。相较于传统教学评价，该模式可以使教师能够围绕学生的学习表现与学生展开积极而有效的良性互动，也能使教师对教学过程进行深刻反思。一方面，教师会对自己的教学进行反思，分析在设计教学与评价任务时的不足，及时针对问题采取补救措施，达到良好的教学效果；另一方面，学生也能通过课堂上及时的评价与反馈，自我追问自己的学习成果与教学和评价目标的吻合程度，从而改进自己的学习，促使自己得到提高。

①根据课标与学情确定学习目标。确定学习目标是教学评一体化的关键一步，只有对目标有了明确的把握，后续的教学与评价才能顺利开展。一般来说，课程标准、教师用书、学生学情都是教师制定学习目标的重要依据。

②要围绕学习目标进行文本重构。要实现教学评一体化，必须从学生的学习实际出发，根据课程标准"用教材教"，而不只是单纯地"教教材"。对此，在教材大变革的背景之下，教师要转变"教教材"的传统观念，思考如何"用教材教"；要转变"怎样教"的固有思路，思考学生"怎样学"的问题，创造性使用教材。新版教材囊括内容多但叙述又过于骨感，因此需要寻找更丰富的教学资源，把最能实现学习目标的教学内容呈现给学生。教材只是把结论性的东西摆在那儿了，而其中的深层次的内容并没有体现，这就需要教师依据教材给出的纲要性的内容对这一部分进行重新解读与重构，如果说教材给出的是一个框架，教师要做的工作就是给这个框架添上血肉，使其真正地展现出本来面目，能够让学生更加容易地体会与接受。在教学的过程中，教师可以运用相关史料、图片、影视资料来丰富该部分内容，使其更加饱满地展现在学生面前。

③基于目标进行逆向教学设计。逆向教学设计是指从所追求的最终结果出发进行教学设计，要求教师根据学习目标先设计评价标准，再据此设计教学活动和任务，即你想得到什么就评价什么，你想评价什么你就怎样进行教学设计。在这种逆向设计中，学习目标、评价任务与教学活动是一个具有内在一致性的整体。

④开发评价细则提供教学反馈。当给了学生一个学习任务之后，就要及时进行评价反馈。一个没有反馈的评价不能称之为真正的评价，反馈不到位的评价也不能称之为好的评价。评价与反馈是一体两面，二者共同形成一个闭环结构。在评价之前，要让学生明确地了解我们希望他们知道什么、做什么，因此，评价细则的制定就显得尤为重要。评价标准必须与课程标准、教学目标一致，能体现出三者的一脉相承。要让学生明确制定好的评价标准是什么，能够给予学生学习上的指导，这样学生才能带着任务有目的性地去学习，也才能够达到较好的学习效果。

通过教学评一体化，来促进学生的深度学习，而不只是浮于学习表面，因为理解性的学习才能让知识更加牢固地存在于学生的头脑中，才能更好地培养学生的历史核心素养。通过教学评一体化深度融合，能让学生在"最近发展区"取得更明显的进步。因此，教师要在日常的教学评价中，以教学评一体化的理念来设计评价内容并实施评价，成为真正的高效课堂。

二、明确教学评一体化的评价目标

课堂教学必须要有清晰的目标，作为课堂教学重要组成部分的教学评价同样要有清晰的目标。教师在教学前就应在教学目标的指导下明确教学评一体化的评价目标，依据评价目标选择评价方式，在教学过程中及时、准确地掌握学生素养水平的变化和教学目标的达成情况。教师要以培养学科核心素养为目的，以教学目标为导向制定评价目标，根据评价目标选择多样的评价方式，在课堂上运用合适的教学资料实施并及时、准确地诊断学生素养水平的变化以掌握教学目标的实现情况。

（一）设计历史单元评价目标

教学评一体化理念认为教学目标是制定评价目标的依据。这种以教学目标为依据设计评价目标的方法是一种逆向教学设计。逆向教学设计的核心特征就是"逆向备课"，要求教师首先应在教学目标的指导下，明确学生在课程结束后应该学到什么知识、理解了什么内涵、掌握了什么能力，并以此作为课程、教学和评价设计的基础。以逆向教学设计的理念为指导，从培养学生的核心素养出发，来设计历史评价目标。

历史是一个高度综合性和连贯性的学科，需要螺旋式教学，在展开历史画卷的同时加深对历史的学习程度。以中国古代史为例，教材的设计上是以一个历史时期为一个阶段，也就是一个单元，那么在这种情况下，这种课时评价目标的设计就忽略了单元模块在教学中的作用，缺乏对单元教学内容和教学目标的整体分析和考量，以致在教学中容易出现单元内各课时之间缺乏整体性和连续性的情况。对学生而言，这种课时评价设计可能会导致他们的思维活动不连贯。作为教师，应整合单元教学目标，并以此为指导，设计学生的学习目标和评价目标。基于此，课堂教学评价目标的设计也应以单元为单位，从单元的高度对课堂教学评价目标进行整体规划和设计，从而保障教学目标的实现。

设计单元评价目标，首先，在教学评一体化的理念下，单元评价目标的设计要以教学目标和学习目标为依据，以确保课堂评价目标的有效性和实用性。其次，设计单元评价目标时应对整个单元的教学目标进行整合，以培养学生的历史核心素养为目的。因此，单元评价目标应指向明确，具有可操作性。例如，教师在新授课开始将本单元的评价目标展示给学生，告诉学生应该如何使用单元评价目标进行自主学习，引导学生有目的地进行自我检测。要注意的是，单元评价目标的表述要从学生的角度出发，适合学生学习、发展的需要。最后，单元评价目标是学生检验学习效果的工具。因此，教师在设计单元目标时要突出其可检测性以及如何方便、快捷地进行检测。对于教师来说，单元评价目标能帮助教师明确地了解学生学习的效果，以便迅速调整教学进度；同样，对学生来说，单元评价目标能帮助学生判断自己是否达到了本单元的具体学习目标，进而有针对性地查漏补缺。

（二）融入历史学科核心素养

《中学历史课程标准（2020年版）》提出："教师应从发展学生历史学科核心素养的角度制订教学目标。"关于历史学科核心素养，它是指"学生在学习历史过程中，逐渐形成具有历史学科特征的必备品格和关键能力"。可以说培养学生的历史核心素养是历史教学的最高目标。从教学评一体化理念来说，培养学生的历史核心素养也是"教""学""评"的最终落脚点。对于中学阶段而言，教师从培养历史学科核心素养出发，帮助学生掌握知识、架构体系、理解史料，提高思辨能力，为学生打好历史核心素养的基础，是非常有必要的。在这一理念的指引下，教师在设计单元评价目标时，应首先依据课程标准整合教学目标，并将教学目标和核心素养相结合，具体地设计每一单元的评价目标，以此统领每一课时的评价目标，从而使教学的全过程都能够紧密围绕培养核心素养来展开。教师在评价中对学生进行潜移默化的历史核心素养的培养，使评价内容不再片面浅显，真正发挥评价的育人功能，逐步培养学生的历史思维。

中学历史教学可以以提高学生的思辨能力为目标，注重培养学生的史料意识、时空观念，多关注时事，并联系当下的发展规律，引导学生认识和理解唯物史观、时空观念、史料实证、历史解释和家国情怀这些历史学科核心素养之间的内在关联。

评价目标中要融入历史核心素养，首先，在中学历史教学中，学生需要记住相应的知识概念，对一些重要的历史事件有所了解，教师对这一方面的考查和评价是不可省略的。在这一基础上，教师可以向学生讲述史料的使用方法，适当结合史料完善学生对历史的认知，引导学生探究历史事件的原因、条件以及对人们的深远影响，同时还应该提高学生分析、概括、归纳历史问题的能力，进而使学生具备对比、判断、推理相关历史原因的能力。例如，在课堂讨论中，学生的回答千篇一律时，教师可以启发学生换个角度思考讨论；学生的回答各不相同时，教师可以了解学生的思路，给予肯定或启发，鼓励其换个角度继续讨论。其次，历史教材中有大量的地图以及图片，教师可以借此创设问题情境，并结合历史地图进行分析，然后让学生自己画出地图、示意图或路线图，教师进行评价，或者同学之间互评，从而培养学生的时空观念。最后，教师还可以借助具体的事件让学生进行相应的讨论分析，使学生知晓人民与历史潮流之间的关系。最后，教师不仅要讲述历史知识，更要讲解历史知识中蕴藏的内涵，要让学生知道我们身上肩负着的历史重任，使学生树立正确的世界观、人生观和价值观。这种情感态度和价值观的形成，一定不是通过简单地传授知识就能实现，需要教师善于利用各种教育资源，与课堂教学形成合力，来培养学生的家国情怀。

（三）聚焦课堂学习探究活动

历史课程标准明确提出历史教学应提升学生的学科核心素养。历史学科的核心素养是学生通过历史学习逐步形成的正确价值观、必备品格和关键能力。提升学生的历史学科核心素养是历史教学应主要完成的任务。随着评价研究的发展，表现性评价、过程性评价等新型评价方式越来越受到关注并被人们接受。这些新型评价强调"对高层次技能的评价而不是知识再生产的评价"。要关注学科高层次技能，也就是要关注学科关键能力，要聚焦学科关键能力，设计学习探究活动，进而实施过程评价。

学科关键能力是指学生在学科学习中形成的，带有学科本质特征的，与特定学科核心素养相一致的能力。历史学科关键能力就是能运用科学的史学理论和方法来认识和解释历史的能力。具体包括以下几种能力：①运用唯物史观的基本观点认识并说明历史事物的能力。②掌握历史时序，将历史事物置于特定时空下进行分析的能力。③收集、辨析并能运用史料的能力。④解释历史的能力，包括能运用归纳、概括、比较等思维方法分析历史事物的能力；科学解释历史事物，认识事物本质的能力；全面、客观评价历史人物、历史事件以及历史现象的能力；发现和论证历史问题，独立提出观点的能力。

在基于学科关键能力设计探究活动、组织学生进行课堂学习的基础上，教师还要思考如何实施评价活动，如何用评价引导学生学习探究，如何将评价整合到学习之中，这就需要教师研制活动评价量表，以有效实施教学评一体化。评价量表不能像过去那样仅简单地基于学生的学习态度、学习习惯及小组交流等维度进行设计，为了有效提升学生的历史学科关键能力，更需要依据学科关键能力的训练程序，研制学生活动评价量表，真正发挥对高层次技能的引导和评价。

三、合理设计教学评一体化的评价方式

美国教育学家、课程理论专家拉尔夫·泰勒（Ralph W. Tyler）曾指出："由于需要获取学生行为变化的相关信息来进行评价，故评价手段与方法须能有效契合教学目标和评价目标，科学客观地展示出学生的行为变化信息，以便为评价服务。"在课堂评价领域，评价方式是获取学生学习信息的手段与策略，具有多样性。因此，在完成评价目标的设计后，应考虑运用多样的评价方式来支撑评价目标，达到有效教学的目的。

（一）合理运用课堂随机评价

教师进行课堂评价并不是一定要在特定教学环节中才能进行，教师巡视学生的课前准备，与学生进行学习上的交流等，这些都是课堂评价，能激发学生的学习兴趣，帮助学生迅速进入学习状态，为接下来的课堂教学做好准备。在历史课堂教学的过程中，教师要发挥教育机制，及时对学生的思想或学习行为进行评价。因此，"随机评价是教师必备的教学智慧"。

随机评价不是形式上的评价，它是传统教学评价的创新，是结合学生的课堂学习情况进行评价，有因时制宜、因人制宜、因事制宜的特点。在教学中，教师应适时、合理使用随机评价，并适当进行教育机制，带动课堂氛围，激发学生学习兴趣，促进学生的全面发展，提高教学质量。

作为教师最常用的评价方式之一，随机性评价往往与整个教学环节相融，成为学习活动的重要组成部分，既不干扰或中断教学进程，又能够促进有效教学，使学生的学习更加自觉、有趣、充满活力。在课堂教学中有效运用随机性评价使其达到我们的教学目的，要从如下两个方面入手：首先，在使用随机性评价时，要跳出简单、单一的评价思维。每个学生都是独特的、发展中的个体，要根据学生的具体学习情况对其进行评价，评价语言要有激励性、赏识性，特别是对于学生离题的想法、答案，不要急于否定，要保护学生的求知欲，以包容的态度慢慢引导，让学生感受到教师对他（她）的关注，这样才能更好地拉近师生距离，激发学生的学习兴趣。其次，教师应多关注学生的学习过程，避免将学习结果作为判定标准。课堂随机性评价以教师的口头评价为表现，具有灵活性强的特点，因此，随机性评价对教师的教学机制要求较高，教师要善于发现学生们的闪光点，在随机评价中给予充分的肯定和鼓励，一方面帮助学生快速掌握各种历史知识；另一方面有助于在潜移默化中培养学生的历史思维能力，还可以培养学习过程中相互合作的能力，使学生良好的思维品质和协作学习精神在这一过程中逐渐形成。

（二）实施教学评一体化的评价方法

中学历史课堂教学评价中，评价不再仅仅是教学和学习判断的工具，而是教学过程的重要组成部分，是促使课程标准落实到教学实际的关键，在此种教学范式之下，根据学习目标和教学内容选择对应的评价方法和组织相关评价内容，在课堂学习中，对学生的学习成就有针对性地进行测评，并通过评价信息的反馈来及时地调整学习。

①历史学科客观性测验评价和历史学科表现性评价的选用。历史客观测验题目是历史教学中常用的一种评价方法，此种评价作为高度结构化的任务，具体操作有以下几种情况，如填空的形式、选择的形式和简单问答的形式，这种评价方法对事实性知识学习更加有效，《新课程与学生评价改革》阐述了表现性评价的内涵，结合研究成果归纳总结如下，教师具体的操作是设定真实或者模拟的生活情境，学生在此情境中进行学习，利用先前习得的知识解决新遇到的问题，或者运用已知创造新东西，以此来了解学生对知识与技能的掌握程度、学生自身的问题解决能力，考查学生交流合作和批判性思考的能力。选择历史教学中相关的评价方法重要依据是此评价方式对学习结果的反映程度，换言之能否有效地评价学习效果是否达成。对于学习目标和教学内容中史实性的知识和历史概念等，可以选择客观测验性评价，如填空、选择、简答等，如果评价的学习内容和结果是学生对实际问题的解决能力等方面的内容，可以选用表现性评价，如历史小论文写作、思维导图设计、资料收集、情景剧演示、辩论赛和材料分析等。上述两种评价方法的选择要依托目标，与教学活动和学习活动相一致，融合在一起共同促进学习目标的达成。

②多种评价主体相结合。以目标为准则将教师观察评价与学生的自评互评相结合，促进教师教学和学生学习内容和步调的一致性。通过教师评价了解学生历史课堂学习的进展，利用评价反馈再改进教学。学生对自身学习情况的评价和同学之间的互相评价也是历史课堂评价的重要方法，通过学生对自身学习进行评价使其清楚地了解自身学习现状，并发现与学习目标的距离，通过学会调控自己的学习促使学习目标的达成。历史课堂学生之间的相互评价的内涵是，班内或者组内同学彼此之间对学习过程中方法、态度和学习效果展开的相互评价，共同交流的同时相互监督，促进目标的达成。不管采用上述何种评价方法都要注意评价过程信息的记录，实现评价的客观全面，促进学习目标更好地完成。历史教学评价是一个多维度的工程，非教师一方所能完成，也不能只有教师一方的评价，尚需

学生、家长以及学校三个维度的评价。教师应当联合学生或家长对历史学习进行评价，运用"自评"与"他评"相结合的这种多元化的评价方式，帮助学生发现自己在学习中的闪光点，从而更好地走向成功。自评是评价对象参照教学目标和评价标准对自身进行的评价。在课堂评价中，学生的自评不仅仅是学生对自己学习结果的评价，它是指在教师的指导下，学生本人对自己的学习活动、表现以及行为做出的自我评价。学生通过对自己在学习过程中的各种表现进行自我分析，形成自我认识，进而对自身的优点和不足进行扬弃，从而提高自我。可以说，自评是促进学生素质提高的内部动机，是学生学习进步的根本动力。学生自我评价反思，提升课堂学习效率。表现性评价、过程性评价等新型评价提出学生既是受评者也是评价者，越来越多地承担评价过程中的责任。所以，在实施评价的过程中不要一味以教师的评价为唯一评价，要关注评价主体的互动和多元参与，尊重学生个体的主体性，让学生也成为自我学习的反思者和评价者，承担评价过程中的责任。在评价量表的设计过程中，要有学生参与，要让学生及时对学科关键能力的学习进行自我评价和反思，对学习效果进行自我检测，发现自己学习的漏洞和问题，及时修改自己的答案，调整自己的学习行为，发挥评价促进学生学习的作用，进而提升学习效果，实现教学评的一致性。基于以上探索实践过程，教师针对嵌入式学习评价能否促进学生历史学科论证能力提升这一问题，用评价量表嵌入学生课堂学习活动，用体现学科能力训练程序的评价项目引导学生学习的评价方式得到了学生的肯定和认可。学生认为这种基于学科关键能力培养的教学评一体化方式对提升自己的历史学习效果有很大帮助。"他评是评价对象以外的团体或个人对评价对象进行的评价"。在课堂评价中，他人评价是指教师对某位学生或是其他学生对这位学生的学习情况或表现等做出的合理评价。他评是促进学生发展进步的外部因素。所以，学生也应参与到课堂评价中。在"他评"的实施中，评价者可以在评价他人的同时，进行内省；同样，被评价者也可以更全面地认识自己，更客观地审视自己。让"自评"和"他评"相结合，以学生之间的评价为例，学生在完成发言后教师可以要求学生对自己的表现进行点评，如学生认为自己的发言有没有解决问题，还有哪些地方需要完善等，然后教师可以要求其他同学对其发言情况进行评价，最后教师对自评和听取他评的学生进行评价，并经过自评和听取同学的评价，并在教师指点后又收获了什么等，这样一方面教师可以检查学生是否认真听讲，另一方面可以帮助评价者在评价别人的时候反思自己，也可对问题进行再思考。运用多主体评价，能更全面准确地反映并促进学生的个体发展。另外，也可运用小组互评，这种互评有助于增强学生的团队合作精神，起到相互督促的作用。以持续的激励和肯定的评价作为学生学习道路上的推动力量，从而充分发展学生的个性。从学生的角度来说，在"自评"与"他评"有机结合的课堂环境中，他们不只是被评价的对象，还是一个有了客观评价其他同学的机会的评价者。这种平等个体之间的评价，能够让学生听取更多客观的意见，更从而发现自身的优点和缺点，改进自身的不足，提高自身的素质。从教师的角度来说，教师不再是唯一的评价者，可以向其他评价者学习值得赞扬的、新颖的评价角度，运用于以后的评价中。

（三）积极实施课堂理答

课堂理答是课堂上常见的一种教学评价行为，是教师掌握学生学情和启发学生历史思维的有效方式，能够在推动教学内容的深入开展的同时，逐步实现教学目标。积极实施课堂理答，促进学生深度学习，是教师所要思考和实施的重要内容。

课堂理答是和课堂提问密切相关的。课堂提问能够激发学生主动思考，巩固所学知识。但在中学历史课堂的提问中，教师不能单一地提出问题，而是要从学情出发，根据学生的疑惑之处来设计问题，使学生在问题解决中逐渐发展历史核心素养能力。那么，课堂理答就是教师根据问题的目的和学生的回答，做出促进学生学习的反应和处理，帮助学生更好地学习和发展。课堂理答有评价学生、诊断学情、调控教学的功能，也是促进教师教学和学生学习的重要手段。具体来说，课堂理答的作用主要体现在以下几个方面：首先，课堂理答可以激发学生学习兴趣，把学生的注意力引到解决问题上来，提高学生的课堂参与度。在教学过程中，教师可以根据已授历史人物或历史事件提出问题，留下悬念，带动课堂的氛围和节奏，激发学生的学习欲望，激起参与其中的积极性，促使学生灵活地运用所掌握的历史知识和论据来表达自己的想法和观点，教师在此基础上运用教学机制，提升有效教学。其次，课堂理答能让学生的发言得到即时的反馈。运用课堂提问这一方式，教师可以获悉学生的学情，从而灵活调整自己的教学节奏，这对教师调整教学和提高学生的学习积极性很有帮助。再次，课堂理答能够帮助学生梳理历史逻辑，形成清晰的历史知识体系。最后，课堂理答能深化学生的历史思维，促进学生的发展。

教师的恰当理答，可为学生营造积极探索、求知的愉快氛围，教学就会渐入佳境；反之，则会损害学生学习的积极性。所以，教师必须重视课堂理答，为学生创设一个放松、活泼的课堂环境，站在学生的角度，倾听学生的心声，促进学生的学习与成长。首先，课堂理答要做好充分的教学预设，多用激励性的评价语言。在备课时，教师根据学情做好充分的教学预设，才能在课堂上运筹帷幄，尽情发挥；当学生的观点独到精彩、发人深省时，教师要不吝美言，给学生及时的、真诚的理答，让学生真实地感受到教师对他的欣赏、认同，进而激发学习的兴趣，点燃学习的激情。教师要抓住及时的肯定、适当的鼓励和恰当的评价等理答原则，营造轻松、活泼的课堂环境，使学生处在一种积极主动的学习状态中。而且，教师要做到"因材施教"，让学生根据自己的层次水平调整学习进度，不断进步。其次，课堂理答要适当转问。教师提问，可以问一个学生，也可以问完一个学生再向其他学生提问，这就是转问。面对学生的回答时，教师应先肯定学生的积极性，然后可以通过转问其他同学，在了解和肯定其他同学的解题思路后，来引导学生的思路，矫正思维偏差，从而释疑解惑，使教师和学生能在历史课堂中共同成长进步。最后，课堂理答要适当追问。教师抛出问题后，若学生的回答正确，教师在此时进行适当的追问，或让学生解释答题思路，或让学生在此基础上进行深入思考，教师再加以适当的点拨，往往能使学生深度学习，进入更高层次的探索。对于回答正确的学生，教师可以通过追问学生的思路，了解学生的学习历史的方法和历史思维，鼓励他做"小先生"，让他为其他学生讲解解题思路和答题方法。另外，对于思维暂时受阻、回答不充分的学生，教师要适当引导、巧妙追问，从而帮助学生开阔思路，完善自己的回答。常用的方法有：让学生对自己的回答进行解释，让学生对自己的回答佐以论据，或者让学生尝试换一种角度进行思考和回答等。

（四）重视课堂作业的评价

课堂作业是中学历史教师进行课堂教学评价的重要一环，通过课堂作业可以让学生及时地巩固本节课所学知识，也能让教师更好地掌握学生的学习情况，并据此做出教学调整。针对中学历史课堂教学中课堂作业所暴露出来的问题，从如下几个方面给出建议。

①课堂作业要少而精。课堂时间有限，教师布置太多的题目，学生通常没办法在课上完成，导致很多明明是课堂作业的作业都变为了课下作业。所以，在课堂作业的设计上，一是要少，二是要精。少，指的是作业要适量，要把有限的课堂时间考虑在内；精，则需要中学历史教师精心钻研教材内容、课程标准还有高考命题的趋势，来设计学生的课堂作业，这样才能达到有效练习的目的。教师要精选作业题目，不盲从，要准确把握学生的学情和考情，设计出精准恰当的题目。教师可依据循序渐进的原则，在设计课堂作业时，按照知识的难易程度和历史学

科的时序性、史与论的高度统一性、阶段特征性等独特性科学合理的安排课堂作业，训练学生的历史核心素养。

②课堂作业评价多元化。多元评价观是中学历史教师应遵循的基本评价原则，因为它更符合学生的实际状况，也更能够体现以人为本的教育和评价理念。每个学生都是不同的，教师不仅要因材施教，还要因材施评。针对不同的个体给出不同的评价，而不必强求评价标准的整齐划一。同样的，在对课堂作业进行评价时，同一题目不同的学生可能会给出不同的答案，但只要原则和大方向不出错，符合当下的价值取向，那么无论是哪一个答案，都是有其可取之处的，教师绝不能以标准答案去衡量学生的答案。在这个过程中，其实也向学生展示了历史学科的独特性，即二元式的看待问题的方式在历史学习中是要不得的，不仅在历史学习中如此，在日常的学习和生活中也是如此，这就不知不觉将历史思维转化成了在现实中思考问题的思维之一，从而有利于学生在今后的生活和工作中分析问题与解决问题。

③课堂作业的反馈要及时。像课堂提问一样，课堂作业的反馈也一定要及时。及时的反馈才能得到及时了解，学生才能得到更快的提高。在课堂上即练即讲，即讲即评，能够更精准地找到学生在学习中的不足，历史教师才能更有针对性地做出补救，才能提高课堂效率。实践证明，在课上，学生对作业的态度是极为认真的，在教师讲授完后立即进行练习，效果也比较好。由此可见，课堂作业的及时反馈在中学历史课堂教学评价中是必不可少的。

参考文献

［1］ 王雄 . 中学历史教育心理学 [M]. 长春：长春出版社，2012.

［2］ 王继平 . 中学历史教学研究方法概论 [M]. 长春：长春出版社，2012.

［3］ 王泳 . 中学历史教学中的现代教育技术研究 [M]. 长春：长春出版社，2012.

［4］ 王凤杰 . 教育硕士视阈下的中学历史教学改革探究 [M]. 长春：吉林大学出版社，2013.

［5］ 孙智勇，黄妙茜，钟素芬 . 历史教学与思维创新 [M]. 长春：吉林文史出版社，2019.

［6］ 方勇 . 核心素养视阈下的中学历史教学设计 [M]. 上海：上海大学出版社，2019.

［7］ 李惠康，訾亚军 . 新课改下中学历史的学科特色与情景教学 [J]. 广西教育学院学报，2019（06）：222-225.

［8］ 王永朋 . 谈情景教学在中学历史教学中的应用 [J]. 才智，2019（31）：26.

［9］ 骆增翼 . 中学历史课程实施现状、问题与对策 [J]. 中小学教师培训，2019（09）：37-41.

［10］ 杨灵芝 . 新课改的实质与中学历史教学 [J]. 长治学院学报，2019，36（02）：99-101.

［11］ 邓家勇 . 探析中学历史高效课堂的构建策略 [J]. 华夏教师，2019（08）：2-3.

［12］ 李杰，张志华 . 认知发展理论在中学历史教学中的应用研究 [J]. 中国多媒体与网络教学学报（下旬刊），2020（07）：136-137.

［13］ 吕永强 . 趣味教学法在中学历史中的应用 [J]. 课程教育研究，2020（29）：8-9.

［14］ 周忠平 . 人文精神培养视域下中学历史教学探究 [J]. 教育界，2020（29）：32-33.

［15］段育红.新课改下中学历史教学中存在的问题与解决对策 [J].考试周刊，
2020（43）：139-140.

［16］宫炳成，林红玲.教育信息化背景下中学历史教学改革的应然性 [J].
北华大学学报（社会科学版），2020，21（05）：138-143.

［17］王雅静.基于现代教育技术的中学历史智慧课堂研究 [J].科技风，2020
（12）：53.

［18］刘才惠.情景教学在中学历史课堂中的应用分析 [J].才智，2020（10）：
100.

［19］王雪雪.人本主义教育思想对中学历史教学的启示 [J].基础教育论坛，
2021（35）：99-100.

［20］郝燕玲.中学历史课堂教学中实施简约教学的探索与实践 [J].新课程，
2021（41）：208-209.

［21］雷建宏.中学历史教学中的课堂提问方法和技巧 [J].天津教育，2021（16）：
103-104.

［22］林秋芸.情境教学在中学历史体验式教学的运用：以部编版八下历史第
13课"香港和澳门的回归"为例 [J].科学咨询（教育科研），2021（04）：
235-236.

［23］陈晓晔."翻转课堂"教学模式在中学历史教学中的运用 [J].发明与创新（职
业教育），2021（03）：138.

［24］钟勇春.中学历史问题教学法探究 [J].新课程导学，2021（09）：91-92.

［25］贾文翔.中学历史互联网智慧课堂教学模式的构建研究 [J].中国新通信，
2021，23（21）：169-170.